THE 1 YEAR
READ N' RECORD
BOOK

毎日1ページ！1年間ぜったい続けられる

英語音読録BOOK

メディアビーコン 著

JN052056

Gakken

Introduction
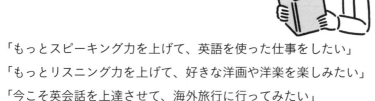

はじめに

「もっとスピーキング力を上げて、英語を使った仕事をしたい」
「もっとリスニング力を上げて、好きな洋画や洋楽を楽しみたい」
「今こそ英会話を上達させて、海外旅行に行ってみたい」

さまざまな夢や目標を持ち、本書を手に取ってくださったあなた。

本書は、そんなあなたの夢をかなえる 1 冊です。

ただし、英語力を伸ばすためには、ただやみくもに英語を勉強すればよいわけではありません。英語力を上げるのに大切なことは、3 つあります。

1つ目は、**インプットとアウトプットを繰り返すこと。**
2つ目は、改善点を見つけ、**アップデートすること。**
3つ目は、これらを**習慣化すること。**

これらたった3つで、英語はめきめきと上達していきます。
いわゆる「一流」と呼ばれる人々は、インプットとアウトプットを常に繰り返しながら「己を振り返る」姿勢を毎日継続しています。一流の野球選手はただボールの投げ方やバットの振り方を学ぶだけではなく、常に練習や試合を通じてアウトプットしています。そして鏡やビデオで自分のフォームを確認しては、改善点を探ることを習慣化しています。一流のプレゼンターは上手な話し方を学んでは実践し、プレゼンの様子を振り返りながら上達に向けて繰り返し練習を重ねています。
そう、できる人は誰もがこの地道な努力を継続しているのです。

大切なのは、学び、実践し、自分の改善点を常に探る姿勢を習慣化すること。

　本書では、毎日1テーマの英文の音読を通じて英語力を鍛えていきます（→詳しい1日の学習STEPは、P.007を参照）。

　英文の解説や音読のポイントを読み知識を**インプット**したら、そのあとに**アウトプット**の練習として音読。英文を自分で音読したら**専用アプリ my-oto-mo（マイオトモ）で音声判定＆録音**。学習の終わりには自分の音読を聞いた上で気づきを**記録**し、成果を自己判定。「録音」と「記録」の2つの「録」で自分の英語の改善点を見つけ、英語力を**ブラッシュアップ**することができます。

　ただし、あなたはこう思っているかもしれません。
「毎日続けるのって難しい……」

　でも大丈夫。物語や早口言葉、ことわざや日常英会話、教養として役立つ欧米文化の話など毎日異なるジャンルの英文が登場するので、楽しみながら英語学習を**習慣化**することができます。

　1年間、毎日英語を勉強したその先に手に入るのは、"英語力"だけではありません。英語力を身につけたその先に、**あなたが達成したい目標やかなえたい夢**が待っています。

　本書を通じてあなたの英語力が上がること、そして英語を通じてあなたの夢がかなうことを、心より願っています。

メディアビーコン

　本書の企画段階で音読に関するヒアリングをさせていただいた、関西学院大学名誉教授、門田修平先生に心より感謝を申し上げます。

Contents

本書の構成と使い方

本書は、●「1日1ページ」の音読トレーニングを5日間
　　　　●2日間で5日間をおさらい（週末まとめ）

という7日間（1週間）を1セットと考えて約1年間（53週）のトレーニングを続けていきます。日記のようにその日のトレーニングを記録していくことで、自分の英語を右肩上がりに改善させていきましょう。1日の学習はSTEP 0 〜 5に分かれています。

※5日間のおさらいのやり方は、各おさらいページに書いてあります。

本日の例文

日常・ビジネス会話、ことわざ、名言、社会・文化などさまざまなジャンルの英語例文を音読していきます。🎙のマークは、my-oto-mo（マイオトモ）で音声判定をする際の区切りです。

Useful Tidbits

例文にちなんだ、文化や社会・言語に関するトリビアコーナーです。英語とともに、背景や文脈も学びましょう。

解説と音読ポイント

読んで、英文のポイントや音読の際に注意する部分を押さえましょう。

1日の学習STEP

学習した日付と学習記録を記入しましょう（詳しくは次ページを参照）。

[1日の学習STEP]

Date	STEP 0 Check	STEP 1 Listen	STEP 2 Overlap	STEP 3 Shadowing	STEP 4 my-oto-mo
7/24	✓	3 回	5 回	2 回	74 %
	STEP 5 Recording	子音が弱い！ Absolutely はうまく言えた。			

STEP 0
Check

ページに目を通す

まずは例文・解説・音読ポイント・Useful Tidbitsにさっと目を通しましょう。

STEP 1
Listen

音声を聞く

音読する例文の音声を聞きましょう。好きな回数聞いて、聞いた回数を書き込みましょう。聞いた上で、自分で例文を音読してみて口慣らししてみるのもいいかもしれません。

STEP 2
Overlap

例文音声にあわせて「オーバーラップ」

音声を流して、その上から例文を音読しましょう。音読した回数を書き込みましょう。

STEP 3
Shadowing

例文音声を「シャドーイング」

音声を流して、その後をついて行くように例文を発音していきましょう。最初は例文を見ながら、慣れてきたら例文を見ないでついて行ってみましょう。音読した回数を書き込みましょう。かなりハードなトレーニングなので、このSTEPをスキップしてもOKです。

STEP 4
my-oto-mo

my-oto-moで自分の音読を判定

音声アプリmy-oto-mo（マイオトモ）で自分の例文の音読を判定し、そのパーセンテージを書き込みましょう。音読する例文が区切られて複数ある場合は、その平均値を書き込みましょう。
my-oto-moの使い方はP. 008へ。

STEP 5
Recording

自分の音読を録音して、自己判定

自分の音読を録音して、確認。よかった点や気になる点を書き込み、終了です。my-oto-moで録音を行うと、お手本音声との比較ができて便利です。

my-oto-moを使った
録音読（ろくおんどく）のしかた

本書のトレーニング方法である「録音読」は、
語学アプリmy-oto-mo（マイオトモ）を
使うとより効果的に行えます。
下記の手順でmy-oto-moをダウンロードし、
リスニング、音声判定、録音を行いましょう。

まずmy-oto-moを
ダウンロード

語学アプリ「my-oto-mo」
を下記からスマホにダウン
ロードしてご利用ください。
https://gakken-ep.jp/
extra/myotomo/

※アプリは無料でご利用いただけ
ますが、通信料はお客様のご負担
となります。

STEP 1〜3 my-oto-moで音声を聞く！

「本をさがす」から本書を選びます。
「リスニング」タブから該当トラック
を選び、再生してください。

本を探して

再生！

STEP 4では、自分の音読がどれくらい理解できる発音で話されているかを試します。🎤のマークは、音読する際の区切りを表します。

4

my-oto-moで自分の発音を判定する！

［音声判定の手順］

1 「スピーキング」タブから音読したいトラックを選びます。

2 「音声判定」のタブを選び、マイクボタンを長押ししながらスマホに向かって音読します。

長押しして
音読！

3 アプリが発音を判定し、全体のうちどれくらいを正確に（理解可能なレベルで）発音できたかをパーセンテージで表示します。なお、一部固有名詞などが正常に判定されない場合があります。ご了承ください。

発音を
パーセントで
表示！

my-oto-moで自分の音読を録音する！

STEP5では、自分の音読を録音し、良かった点、改善点を確認し、記録しておきましょう。my-oto-mo以外の音声レコーダーなどで録音してももちろんOKです。

［音声録音手順］

1 「スピーキング」タブから音読したいトラックを選んだら、次に「録音」のタブを選び、マイクボタンを長押ししながら、スマホに向かって音読します。

長押しして
"録"音読！

2 録音したら「録音を聞く」から、録音済みのトラックを選んで、自分の音読を確認し、気づきをSTEP 5の空欄に書き込みましょう。

「録音を聞く」
から、録音した
トラックを選ぶ

3 「お手本と一緒に聞く」をONにしておくと、自分の発音とお手本の発音を比較して聞くことができます。

「お手本と
一緒に聞く」で、
自分とお手本の
音読を比較！

※録音機能の利用には
GakkenIDへの登録が
必要です。

本書の音声は下記方法で
PCでも聞くことができます。

下記のサイトからmp3音声をPCにダウンロードして、お手持ちの音声プレーヤーなどに入れて聞くことができます。各DAYのトラック番号🎧は、mp3ファイル名に対応しています。

https://gakken-ep.jp/extra/myotomo/

毎日の録音読
START! >>>

DAY 1

🎧001
遊びの提案

Today's Lines Daily Conversations ［日常英会話］

How about going to the beach?
It's really hot today.

▼
海に行くのはどう？　今日はとても暑いから。

▶ 解説
今日は、相手に提案するときの表現を学習します。**How about ～ing？**
は、「～しませんか？、～はどうですか？」という意味。提案・勧誘
の表現には、ほかにもLet's ～.（～しましょう）やWhy don't we
～?（～しませんか？）などがあります。

▶ 音読ポイント
How aboutのtはあまり強く発音しないほうが自然です。「**ハウア
バウ（トゥ）**」のように、「**トゥ**」がかすかに聞こえる程度の弱さで読
みましょう。

Useful Tidbits

How about ～? はカジュ
アルな場・フォーマルな場
のどちらでも使える、とて
も万能な表現です。How
about discussing our
hiring plans?（採用計画
について話し合いません
か?）といった内容で、ビ
ジネスの場で使うこともで
きます。

Date	STEP 0 Check	STEP 1 Listen	STEP 2 Overlap	STEP 3 Shadowing	STEP 4 my-oto-mo
/			回	回	回 %

STEP 5 Recording	

DAY 2

🎧002 初対面のあいさつ

Hi, my name is Hana Suzuki. It's nice to meet you. Can I give you my business card?

▼
こんにちは、スズキハナと申します。はじめまして。名刺をお渡ししてもよろしいでしょうか？

▶ 解説

初対面の相手に自己紹介をして、名刺を渡すシーン。初対面の相手にかしこまって自分の名前を名乗るときは、My name is ～. の表現を使います。I'm ～. を使うこともできますが、よりカジュアルな印象を与えます。

▶ 音読ポイント

特に伝えたい部分、今回であれば"名前"を相手にしっかり覚えてもらうために、名前の部分をはっきりと発音しましょう。また実際に相手に名刺を渡す場面を想像して、笑顔も忘れずに。

Useful Tidbits

ビジネスの場で相手にあいさつをする際、日本ではすぐに名刺交換をしますね。一方で、欧米では握手やスモールトークなどをしたあとに名刺交換をすることが一般的です。場合によっては、名刺自体を渡さないケースも。

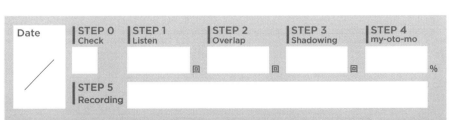

Date	STEP 0 Check	STEP 1 Listen	STEP 2 Overlap	STEP 3 Shadowing	STEP 4 my-oto-mo
/		回	回	回	%
	STEP 5 Recording				

DAY 3

🎧003
みんな大好きアイスクリーム

Today's Lines ▷ Tongue Twisters［早口言葉］

I scream, you scream, we all scream for ice cream.

▼
私は叫ぶ、あなたも叫ぶ。私たちはみんなアイスクリームのために叫ぶ。

▶ 解説

日本人が苦戦するrの発音が入った早口言葉。scream（叫ぶ）とice cream（アイスクリーム）に共通するcreamの部分で韻が踏まれた、リズムのいい文です。scream for 〜は「〜を求めて叫ぶ」。

▶ 音読ポイント

rは、「ラリルレロ」の前に小さく「ゥ」を入れて発音することがポイント。reamの部分は「リーム」ではなく、「ゥリーム」と読むことを意識しましょう。

Useful Tidbits

各国で親しまれているデザート、アイスクリーム。アメリカでは7月の第3日曜日が「アイスクリームの日」（National Ice Cream Day）として認定されているほど。その日には、アイスクリーム販売店の多くが割引などのサービスを提供するのだとか。

Date	STEP 0 Check	STEP 1 Listen	STEP 2 Overlap	STEP 3 Shadowing	STEP 4 my-oto-mo
/					%
	STEP 5 Recording				

DAY 4

🎧004
百聞は一見に如かず

Today's Lines ▶ Proverbs［ことわざ］

A picture is worth a thousand words.

▼
百聞は一見に如かず

▶ **解説**

直訳すると、「1枚の絵は1000の言葉に値する」。たくさんの言葉を並べて説明するよりも、一度実物（の絵）を見たほうが早い、という意味を表します。*A is worth B*（AはBの価値がある）はよく使われる表現なので、ぜひ覚えておきましょう。

▶ **音読ポイント**

worth と thousand に含まれる th の音は日本語にない発音なので要注意。舌の先を上の前歯の先に軽く触れさせて（上下の前歯で軽く挟んで）、息を外に出しましょう。

Useful Tidbits

英語の picture は「写真」と「絵」の両方の意味を持ちます。はっきり区別したいときは、絵であれば painting、写真であれば photo(photograph) という言葉に言い換えると明確に伝わります。

Date	STEP 0 Check	STEP 1 Listen	STEP 2 Overlap	STEP 3 Shadowing	STEP 4 my-oto-mo
/					%

	STEP 5 Recording	

DAY 5

🎧005
モモの物語1

Once upon a time but not so long ago, in a cozy little house, lived a curious and adventurous cat named Momo.

▼
昔々、でもそう遠くない昔、居心地のよい小さな家に、好奇心旺盛で冒険心あふれるモモという名前の猫が住んでいました。

▶ **解説**
物語文でよく起こるのが、**文の倒置**です。元々はa curious and adventurous cat named Momo lived in a cozy little house だったものが、語順が変わり**文語的な響き**になっています。curious は「好奇心旺盛な」、adventurous は「冒険心のある」。

▶ **音読ポイント**
upon a は「**アポナ**」と、音を連結させて発音しましょう。また物語文なので、**テンポよく・リズムよく**、軽快に読むことを意識しましょう。

Useful Tidbits
猫の名前といえば、日本では「タマ」「ミケ」という名前を思い浮かべる人が多いかもしれません。アメリカでは、**Oliver**（オリバー）や**Bella**（ベラ）、**Luna**（ルナ）などの名前が人気です。

Date	STEP 0 Check	STEP 1 Listen	STEP 2 Overlap	STEP 3 Shadowing	STEP 4 my-oto-mo
/		回	回	回	%

STEP 5 Recording	

DAY 6 - 7
5日間のおさらい

下記のDAYの音読を再度行いましょう。
それぞれ自分の音読をmy-oto-moで判定してベストスコアを
書き込みましょう。また、再度録音してみて、その気づきを
Recording欄に書き込んでおくと今後の参考になります。

DAY 1　🎧 001

Date　　my-oto-mo　Recording

　　　　　　　%

DAY 2　🎧 002

Date　　my-oto-mo　Recording

　　　　　　　%

DAY 3　🎧 003

Date　　my-oto-mo　Recording

　　　　　　　%

DAY 4　🎧 004

Date　　my-oto-mo　Recording

　　　　　　　%

DAY 5　🎧 005

Date　　my-oto-mo　Recording

　　　　　　　%

DAY 8

🎧006
エジソンの言葉

Today's Lines Quotes [名言]

> "I am not discouraged, because every wrong attempt discarded is another step forward."
> —Thomas A. Edison

▼
「私は決して失望しません。なぜならどんな失敗も、新たな一歩となるからです」
—トーマス・A・エジソン

▶ 解説

every wrong attempt discarded（捨てられてしまう誤った試み＝失敗）を another step forward（また1つ前進すること＝新たな一歩）と捉えた、前向きな英文です。discouraged は「失望した」、forward は「前へ、前方に」。

▶ 音読ポイント

because から discarded までは一息で読みましょう。forward は「フォーゥワー（ドゥ）」と伸ばして発音します。

Useful Tidbits

アメリカの発明家であるトーマス・エジソンは、生涯のうちに1000以上もの発明を行いました。失敗と成功を繰り返しながら、蓄音機や実用的な白熱電球、映画用カメラなどを発明したのです。

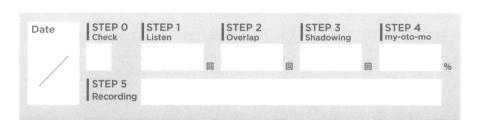

Date	STEP 0 Check	STEP 1 Listen	STEP 2 Overlap	STEP 3 Shadowing	STEP 4 my-oto-mo
/					%
	STEP 5 Recording				

DAY 9

🎧007
電話を受ける

Today's Lines ▶ Business Conversations ［ビジネス英会話］

Thank you for calling Allentown Car Rentals. This is Haru Nakamura speaking. How can I help you?

▼
アレンタウンレンタカー店にお電話いただきありがとうございます。ナカムラ ハルが承っております。どのようなご用件でしょうか？

▶ 解説

Thank you for calling 〜.（〜にお電話いただきありがとうございます）は、電話を受け取ったときに使う表現です。あいさつをしたあとは、This is 〜 speaking.（〜が承っております）という表現を使って名乗りましょう。用件を尋ねる表現は、can の代わりに may を使って How may I help you? と言うことで、より丁寧に聞くこともできます。

▶ 音読ポイント

How can I help you? の can I は「キャン アイ」ではなく、「キャナイ」とつなげて発音します。

Useful Tidbits

ビジネスの場での「もしもし？」は、英語ではHello? を使うこともあります。電話している時間に関係なく、朝でも夜でも常にhelloを用いることがポイント。一方家族や友人など、親しい間柄同士で電話をするときは、よりカジュアルなHi! を用いることが一般的です。

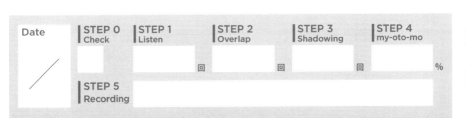

Date	STEP 0 Check	STEP 1 Listen	STEP 2 Overlap	STEP 3 Shadowing	STEP 4 my-oto-mo
/		回	回	回	%
	STEP 5 Recording				

DAY 10

🎧008
貝殻売りの少女

Today's Lines ▶ Tongue Twisters［早口言葉］

She sells seashells by the seashore.

▼
彼女は海岸のそばで貝殻を売っています。

▶ 解説

s、sh から始まる語が4つ並ぶ、発音が難しい早口言葉。seashell（貝殻）やseashore（海岸）など、sea から始まる単語はsea（海）にまつわる言葉です。たとえば、seaside であればsea（海）と side（そば）なので、「海辺」という意味になります。

▶ 音読ポイント

一見同じ発音に思えるshe（彼女は）と sea（海）ですが、she は「シー」と発音するのに対し、sea は「スィー」と発音します。発音に違いがあるということを押さえておきましょう。

Useful Tidbits

海岸に打ち上げられた貝殻などを集める遊びを、英語ではbeach combing「ビーチコーミング」と呼びます。beach（砂浜）とcomb（〜を徹底的に探す）の2つの語が合わさってできた名前で、海外で人気のビーチレクリエーションの1つです。

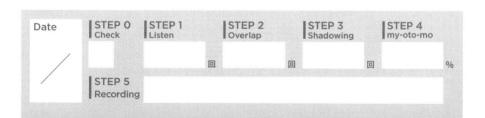

Date	STEP 0 Check	STEP 1 Listen	STEP 2 Overlap	STEP 3 Shadowing	STEP 4 my-oto-mo
/					%

STEP 5 Recording	

DAY 11

🎧009
郷に入っては郷に従え

Today's Lines ▶ Proverbs ［ことわざ］

When in Rome, do as the Romans do.

▼
郷に入っては郷に従え

▶ **解説**
as は「〜として」という意味でよく知られていますが、ここでの as は「〜のように」という意味。直訳すると、「ローマにいるときは、ローマ人がするようにしなさい」。新しい土地に行ったときに、習慣や考え方が異なっていても、尊重してその場のしきたりに従いなさい、という意味のことわざです。

▶ **音読ポイント**
Rome は「ローマ」ではなく「ゥローム」のように発音します。英語と日本語の発音の違いに注意しましょう。

Useful Tidbits
ローマといえば、バロック様式の噴水であるトレヴィの泉が有名。「泉に向かって後ろ向きにコインを投げ入れると、再びローマを訪れることができる」という古くからの言い伝えがあるんだとか。

Date	STEP 0 Check	STEP 1 Listen	STEP 2 Overlap	STEP 3 Shadowing	STEP 4 my-oto-mo
/					%

	STEP 5 Recording	

DAY 12

🎧010
モモの物語 2

Today's Lines ▶ Stories［物語］

When the daughter Oto turned 16 years old, Momo came to her house as a pet.

▼
娘のオトが16歳になったときに、モモはペットとして彼女の家
にやってきました。

▶ **解説**
「〜歳になった」と年齢の変化を伝えるときは、〈turned ＋年齢〉の
表現を使います。turn の代わりに become を使うこともでき、I
became 16 years old.（私は16歳になりました）のように表します。

▶ **音読ポイント**
as a pet の部分は「アズ ア ペット」と1語1語区切るのではなく、
「アザァペッ（トゥ）」とつなげて発音してみましょう。ネイティブの
ような、きれいな発音になります。

Useful Tidbits
北米では、16歳を迎えた女
の子をお祝いする Sweet
Sixteen というイベントが
あります。昔は16歳前後で
結婚を意識する人が多かっ
たことから、16歳という年
齢を「大人への第一歩」と
考え、パーティーなどを開
き盛大にお祝いするんだと
か。

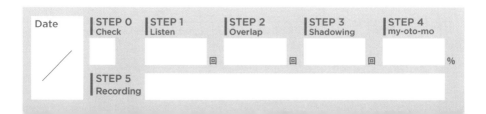

Date	STEP 0 Check	STEP 1 Listen	STEP 2 Overlap	STEP 3 Shadowing	STEP 4 my-oto-mo
/					%
	STEP 5 Recording				

DAY 13 - 14
5日間のおさらい

下記の DAY の音読を再度行いましょう。
それぞれ自分の音読を my-oto-mo で判定してベストスコアを
書き込みましょう。また、再度録音してみて、その気づきを
Recording 欄に書き込んでおくと今後の参考になります。

DAY 8   🎧 006
Date   my-oto-mo   Recording

%

DAY 9   🎧 007
Date   my-oto-mo   Recording

%

DAY 10   🎧 008
Date   my-oto-mo   Recording

%

DAY 11   🎧 009
Date   my-oto-mo   Recording

%

DAY 12   🎧 010
Date   my-oto-mo   Recording

%

DAY 15

🎧 011

道に迷って

Could you tell me the way to Central Station?

▼
セントラル駅までの道を教えていただけますか？

▶ 解説

道を尋ねるときに使える英語を学びましょう。**Could you tell me the way to ～？**（～までの道を教えていただけますか？）のあとに、行きたい場所の名前を続けます。Could you ～？は「～していただけますか？」と丁寧にお願いする表現。Can you ～？よりもフォーマルです。

▶ 音読ポイント

Could you は「**クッジュー**」（または「**クジュ**」）のように、つなげて発音します。疑問文なので、**文末は上がり調子で読みましょう**。

Useful Tidbits

アメリカでは、**ほとんどの住所に通りの名前が含まれています**。たとえば、2nd Street（2番通り）やMaple Avenue（メープル大通り）などのような名前がついているのです。道路の標識には略語が使われており、St は Street、Av は Avenue、Blvd は Boulevard を表します。

Date	STEP 0 Check	STEP 1 Listen	STEP 2 Overlap	STEP 3 Shadowing	STEP 4 my-oto-mo
/					%
	STEP 5 Recording				

DAY 16

🎧012
アンネ・フランクの言葉

"Whoever is happy will make others happy too."
—Anne Frank

▼
「幸せな人は誰でも、ほかの人も幸せにするのです」
—アンネ・フランク

▶ 解説
『アンネの日記』の著者であるアンネ・フランクの言葉。ここでの make は「〜を作る」ではなく、「〜させる、〜にする」という意味で使われています。〈make＋人＋形容詞〉で「人を〜の状態にする」という意味になることを覚えておきましょう。

▶ 音読ポイント
others は「アザーズ」ではなく、「アダーズ」と読むイメージ。「ダ」を読むときは、舌を上の前歯の下側に軽く触れて発音しましょう。

Useful Tidbits
ユダヤ系ドイツ人の少女であったアンネ・フランクは、第二次世界大戦中、ナチスから逃れていた隠れ家での生活を日記につづりました。この『アンネの日記』はさまざまな言語に翻訳され、世界中で今も読み継がれているベストセラーです。

Date	STEP 0 Check	STEP 1 Listen	STEP 2 Overlap	STEP 3 Shadowing	STEP 4 my-oto-mo
/		▣	▣	▣	%
	STEP 5 Recording				

DAY 17

🎧013
盗み食いがバレた！

Today's Lines ▶ Tongue Twisters ［早口言葉］

I saw a kitten eating chicken in the kitchen.

▼
私は子猫が台所でチキンを食べているのを見ました。

▶ 解説

en で終わる単語が散りばめられた早口言葉。この saw は、知覚動詞と呼ばれるものです。see *A doing* で「Aが〜しているのを見る」という意味になります。

▶ 音読ポイント

kitten、chicken、kitchen の発音に注意しましょう。kitten は ki「キ」、chicken は chi「チ」、kitchen は ki「キ」と、**単語の最初にアクセントを置き、単語の後半は弱く発音します**。

Useful Tidbits

cat（猫）と kitten（子猫）のように、英語には**成長度合いで呼び方が異なる動物**がたくさんいます。猫以外には、dog（犬）と puppy（子犬）、cow（牛）と calf（子牛）、sheep（羊）と lamb（子羊）などが挙げられます。

Date	STEP 0 Check	STEP 1 Listen	STEP 2 Overlap	STEP 3 Shadowing	STEP 4 my-oto-mo
/		回	回	回	%
	STEP 5 Recording				

DAY 18

🎧014
日程を決める

A: What day would work for you? 🎤

B: Um, I'm available all day on Friday. 🎤

▼
A：何曜日なら都合がつきそうですか？
B：ええと、私は金曜日なら終日空いています。

▶ 解説

What day would work for you? は、会議などの日程を決める場面で、相手の都合がよい曜日を確認するときに使う表現。ここでの work は「働く」ではなく、「うまくいく、都合がいい」という意味で使われています。都合がよい日にちを聞くときは、day「曜日」を date「日付」に変えればOK。

▶ 音読ポイント

What day は「ワットデイ」ではなく、「**ゥワッデイ**」とつなげて発音します。What は「**ゥワッ**」と口をすぼめ、t はほとんど発音しません。

Useful Tidbits

日付を書くとき、日本では「2024年2月1日」のように、年→月→日の順番で表記します。実は、この書き方は各国で異なります。**アメリカでは** "February 1st, 2024" のように**月→日→年の順番**、**イギリスでは** 1st February 2024" のように**日→月→年の順番**で書きます。イギリス式はアメリカ式と異なり、日付のあとにカンマを用いません。

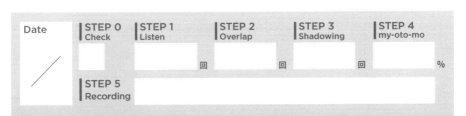

Date	STEP 0 Check	STEP 1 Listen	STEP 2 Overlap	STEP 3 Shadowing	STEP 4 my-oto-mo
/					%
	STEP 5 Recording				

DAY 19

🎧015
モモの物語 3

The house where Momo lives is a single-family house in the countryside in Japan.

▼
モモが住んでいるのは、日本の田舎の一軒家。

▶ 解説

where は、場所を説明する便利な単語。直前に house（家）や city（市）など、「場所」に関する単語を置くと、the house where she lives（彼女が住む家）、the city where I was born（私が生まれた市）のように、その場所をもっと詳しく説明することができます。

▶ 音読ポイント

The house where Momo lives（モモが住んでいる家）までで一息。間をあけて、is a single-family house ... と続けましょう。意味のかたまりごとに一息で音読するのがポイント。

Useful Tidbits

「田舎」を意味する言葉は、**countryside** のほかにもさまざま。**rural area** や **middle of nowhere**（直訳すると「何もないところのど真ん中」）などの言い方があります。一方で、「都会」は city で表すことができます。

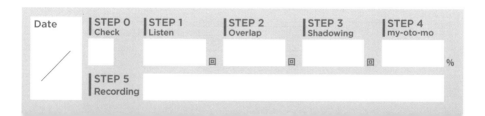

Date	STEP 0 Check	STEP 1 Listen	STEP 2 Overlap	STEP 3 Shadowing	STEP 4 my-oto-mo
/			回	回	回 %
	STEP 5 Recording				

DAY 20 - 21
5日間のおさらい

下記の DAY の音読を再度行いましょう。
それぞれ自分の音読を my-oto-mo で判定してベストスコアを
書き込みましょう。また、再度録音してみて、その気づきを
Recording 欄に書き込んでおくと今後の参考になります。

DAY 15　🎧 011
Date　　　　my-oto-mo　Recording

%

DAY 16　🎧 012
Date　　　　my-oto-mo　Recording

%

DAY 17　🎧 013
Date　　　　my-oto-mo　Recording

%

DAY 18　🎧 014
Date　　　　my-oto-mo　Recording

%

DAY 19　🎧 015
Date　　　　my-oto-mo　Recording

%

DAY 22

🎧016
まずは小さな一歩から

Today's Lines ▷ Proverbs [ことわざ]

You have to learn to walk before you run.

▼
千里の道も一歩から

▶ **解説**

直訳すると「走る前に歩き方を学ばなければならない」、つまり「大きな目標を達成するには、まずは小さな努力から始めることが大切である」という意味のことわざです。**have to do**（〜しなければならない）は日常生活でよく使われる定番表現です。

▶ **音読ポイント**

have は「ハヴ」と読むことがほとんどですが、**have to do** の形では「ハフ」と発音します。

Useful Tidbits

have to は一般的な義務を伝えるニュアンスがあり、You have to study English. では「あなたは英語を勉強する必要がありますよ」を意味します。一方、**must** には圧を伴う「義務感」のイメージが。たとえば You must study English. では「あなたは英語を勉強しなければなりません」という、主観的な義務感・命令のニュアンスを与えます。

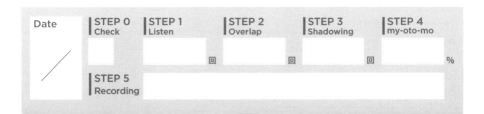

Date	STEP 0 Check	STEP 1 Listen	STEP 2 Overlap	STEP 3 Shadowing	STEP 4 my-oto-mo
/			回	回	回 %
	STEP 5 Recording				

DAY 23

🎧 017

ナポレオンの言葉

Today's Lines | Quotes［名言］

"Impossible is a word to be found only in the dictionary of fools."
—Napoleon Bonaparte

▼
「不可能という言葉は、愚か者の辞書にしか載っていない」
―ナポレオン・ボナパルト

▶ **解説**
be found は「見つけられる」という意味。to be found only in the dictionary of fools で「愚か者の辞書でしか見つけられない」を意味します。この to 以下が、直前の a word（言葉）を後ろから修飾しています。impossible は「不可能な」、fool は「愚か者」。

▶ **音読ポイント**
of fools は「**オヴ フー（ズ）**」のように発音します。「フー」は、口をすぼめて息を吐くように発音しましょう。

Useful Tidbits

fool は名詞で「愚か者、ばか者」の意味がありますが、動詞の表現もあります。その1つが、**fool around（ばかな真似をする、ふざける）**。人を笑わせるためにおどける様子を表した表現です。

Date	STEP 0 Check	STEP 1 Listen	STEP 2 Overlap	STEP 3 Shadowing	STEP 4 my-oto-mo
/			回	回	回	%
	STEP 5 Recording				

DAY 24

🎧 018
急な頼み事

Today's Lines ▶ Business Conversations [ビジネス英会話]

I'm sorry for the short notice, but could you please complete the documents by tomorrow?

▼
急なお知らせで申し訳ないのですが、この書類を明日までに完成させてくれませんか？

▶ 解説

I'm sorry for the short notice, は、土壇場で頼み事をしなければならない状況で「急なお知らせで申し訳ありません」と相手に伝える表現。short notice で「急な知らせ、急な連絡」という意味です。short notice を last minute notice に変えて表現することも。

▶ 音読ポイント

notice は「ノティス」ではなく「ノゥディス」のように発音します。「ノゥ」にアクセントを置き、「ディス」を弱く発音するイメージ。

Useful Tidbits

アメリカの子どもたちは親から、「人にお願いをするときはmagic word（魔法の言葉）を使いなさい」としつけられます。magic word とは、一言でいえばどんな場面でも使える丁寧・便利な"魔法"の言葉。そしてこの magic word の1つが、本文にも登場するplease（お願いします）です。

Date	STEP 0 Check	STEP 1 Listen	STEP 2 Overlap	STEP 3 Shadowing	STEP 4 my-oto-mo
/					%
	STEP 5 Recording				

DAY 25

🎧019
好きな音楽

Today's Lines ▶ Daily Conversations [日常英会話]

What kind of music do you like?
I like to listen to rock music.

▼
あなたはどんな種類の音楽が好きですか？
私はロック音楽を聞くことが好きです。

▶ **解説**

What kind of ～ do you like? は「あなたはどんな種類の～が好きですか？」という意味。kind ofの後ろにsports（スポーツ）やfood（食べ物）、movies（映画）などを入れて質問してもいいですね。

▶ **音読ポイント**

kind of は「カインド オヴ」ではなく「**カインダヴ**」とつなげましょう。dは「ド」と発音せずに、上の前歯のつけ根に軽く打ちつける程度に弱く発音します。

Useful Tidbits

ロックは、1950年代のアメリカで黒人と白人の音楽が融合して生まれました。ロックには政治や人種差別に対するメッセージがこめられています。その後ロックはイギリスをはじめとして世界中に広がり、今でも多くの人々を魅了しています。

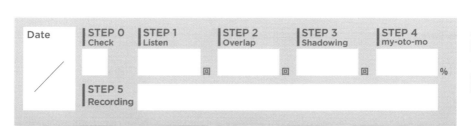

Date	STEP 0 Check	STEP 1 Listen	STEP 2 Overlap	STEP 3 Shadowing	STEP 4 my-oto-mo
/					%
	STEP 5 Recording				

DAY 26

🎧020
モモの物語 4

The house was built over 70 years ago, and the floors creaked whenever Momo walked on them.

▼
その家は築70年を超えていて、モモが歩くたびに床はギシギシと音をたてていました。

▶ 解説
「築〜年」は was[were] built 〜 years ago（〜年前に建てられました）という表現で表すことができます。「〜年を超える」と言いたいときは、over（〜を超えて）を使えばOK。creak は「ぎしぎしと音をたてる」、whenever は「〜するたびに」。

▶ 音読ポイント
本文後半で登場する walk（歩く）は「ゥウォーク」と発音するのに対し、work（働く）は「ゥワーク」と発音します。

Useful Tidbits
日本語では、「ギシギシ」「ザーザー」など、**擬音語**は副詞で表すことが多いですが、英語では creak（ギシギシと音をたてる）、pour（[雨が] ザーザー降る）など、**動詞で表す**ことが多いです。擬音語は、英語では onomatopoeia（オノマトペ）と呼びます。

Date	STEP 0 Check	STEP 1 Listen	STEP 2 Overlap	STEP 3 Shadowing	STEP 4 my-oto-mo
/					%
	STEP 5 Recording				

DAY 27 - 28
5日間のおさらい

下記のDAYの音読を再度行いましょう。
それぞれ自分の音読をmy-oto-moで判定してベストスコアを
書き込みましょう。また、再度録音してみて、その気づきを
Recording欄に書き込んでおくと今後の参考になります。

DAY 22　　🎧 016

Date　　　　my-oto-mo　　Recording

％

DAY 23　　🎧 017

Date　　　　my-oto-mo　　Recording

％

DAY 24　　🎧 018

Date　　　　my-oto-mo　　Recording

％

DAY 25　　🎧 019

Date　　　　my-oto-mo　　Recording

％

DAY 26　　🎧 020

Date　　　　my-oto-mo　　Recording

％

DAY 29

🎧021
予算会議

Today, I'd like to talk about the advertising budget.

▼
本日は、広告予算についてお話ししたいと思います。

▶ 解説

I'd like to talk about 〜.（〜について話したいです）は、会議などで話題を切り出す際の表現です。I'd は I would が省略された形。I'd like to *do* で「〜したい」という意味を表します。I want to *do* よりも丁寧な言い方なので、ビジネスの場面に適しています。

▶ 音読ポイント

相手に一番伝えたいことは「何について話すか」なので、**about 以降の内容を強調して**音読しましょう。また、強く読むだけでなく、相手が聞き取りやすいように **about 以降をややゆっくり発音する**のも気遣いの1つ。

Useful Tidbits

予算を相手に尋ねるときは、**What is your budget?**（予算はいくらですか？）という表現を使います。How much ではなく、What を使って表すことがポイント。

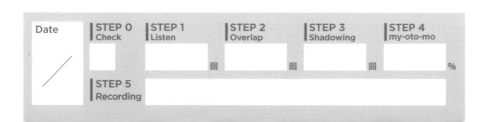

Date	STEP 0 Check	STEP 1 Listen	STEP 2 Overlap	STEP 3 Shadowing	STEP 4 my-oto-mo
/					%

STEP 5 Recording	

DAY 30

🎧022
こぼれたのならば仕方ない

Today's Lines ▸ Proverbs [ことわざ]

It is no use crying over spilt milk.

▼
覆水盆に返らず

▸ 解説
本文は、直訳すると「こぼれてしまった牛乳のことを嘆いても仕方がない」。つまり、「覆水盆に返らず（＝すでに起こってしまったことは変えられないので、気にするだけ無駄だ）」という有名なことわざです。no use は「役に立たないもの」という意味で、**It is no use** *doing ～.*（～しても無駄です）という形でよく使われます。

▸ 音読ポイント
use はここでは名詞として使われているので、「ユーズ」ではなく「**ユース**」と発音します。覚えておきましょう。

Useful Tidbits
日本では紙パックに入っている牛乳をよく見かけますが、英語圏では**プラスチックの大きい容器**に入っていることが多いです。アメリカでは単位も異なり、「リットル」ではなく gallon（ガロン。1ガロン＝3.785リットル）が使われます。

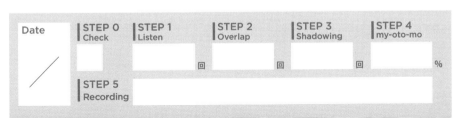

DAY 31

🎧023
羊飼いの苦悩

Sheep should sleep in a shed.

▼
羊は小屋で眠るべし

▶ 解説

sやshで始まる語がたくさん入った早口言葉。should は「〜すべきだ」という意味で、助言や提案をする際に使われます。似たような意味の had better（〜したほうがいい）はshould より強いニュアンスを持ち、「そうしないと大変なことが起こるぞ」と警告のような意味を持ちます。

▶ 音読ポイント

sheep「シープ」、sleep「スリープ」など、eが2つ並ぶee は「イー」と少し長めに発音します。shed は「シェッ（ドゥ）」と短く読むので、sheepやsleepに引っ張られて音を伸ばさないように気をつけましょう。

Useful Tidbits

羊肉には lamb（ラム）と mutton（マトン）の2種類があります。ラムは生後約1年未満の子羊の肉を指し、一方でマトンは生後約2年以上の成羊の肉のことを指します。

Date	STEP 0 Check	STEP 1 Listen	STEP 2 Overlap	STEP 3 Shadowing	STEP 4 my-oto-mo
/			▣	▣	▣ %

STEP 5 Recording	

DAY 32

🎧024
ベンジャミン・フランクリンの言葉

Quotes［名言］

"One today is worth two tomorrows."
—Benjamin Franklin

▼
「今日という1日は、明日という日の2日分の価値がある」
―ベンジャミン・フランクリン

▶ **解説**

「不確かな明日より、確実な今日のうちに行動しなさい」ということを伝えている、ベンジャミン・フランクリンの名言。*A* is worth *B*（AはBの価値がある）という表現を覚えておきましょう。

▶ **音読ポイント**

worth は「ゥオース」と発音します。th を発音するときは、舌の先を上の歯の先に軽くつけることを意識しましょう。

Useful Tidbits

アメリカの**100ドル紙幣に描かれている人物、ベンジャミン・フランクリン**。政治家としての活躍にとどまらず、科学者としても名を残しました。雷の正体が電気であると証明したのは、彼の功績です。

Date	STEP 0 Check	STEP 1 Listen	STEP 2 Overlap	STEP 3 Shadowing	STEP 4 my-oto-mo
/					%
	STEP 5 Recording				

DAY 33

🎧025
モモの物語 5

Momo lived the typical life of a pet cat in an old and traditional single-family house.

▼

モモは古くて昔からある一軒家の飼い猫として、庶民的な暮らしを送っていたのです。

▶ 解説

live a[the] 〜 life は「〜な暮らしを送る」という意味の表現。live a typical life（ありふれた［＝庶民的な］暮らしを送る）以外にも、live a rich life（贅沢な暮らしを送る）、live a stable life（安定した生活を送る）、live a happy life（幸せな人生を送る）などの表現も覚えておくと便利です。

▶ 音読ポイント

in an の部分は、音のつながりに注意。「イン アン」ではなく、「イナン」と発音してみましょう。

Useful Tidbits

single-family house「一軒家」に対して、「マンション」はアメリカ英語では condominium、イギリス英語では flat と呼びます。mansion は「大邸宅」という意味で用いられる単語なので、日本語でイメージする「マンション」を表すときには使いません。

Date	STEP 0 Check	STEP 1 Listen	STEP 2 Overlap	STEP 3 Shadowing	STEP 4 my-oto-mo
/					%
	STEP 5 Recording				

DAY 34-35
5日間のおさらい

下記のDAYの音読を再度行いましょう。
それぞれ自分の音読をmy-oto-moで判定してベストスコアを
書き込みましょう。また、再度録音してみて、その気づきを
Recording欄に書き込んでおくと今後の参考になります。

DAY 29　🎧 021

Date　　　　my-oto-mo　Recording

/

%

DAY 30　🎧 022

Date　　　　my-oto-mo　Recording

/

%

DAY 31　🎧 023

Date　　　　my-oto-mo　Recording

/

%

DAY 32　🎧 024

Date　　　　my-oto-mo　Recording

/

%

DAY 33　🎧 025

Date　　　　my-oto-mo　Recording

/

%

DAY 36

🎧026
フランクリン・ローズベルトの言葉

Today's Lines ▶ Quotes［名言］

"The only thing we have to fear is fear itself."
—Franklin D. Roosevelt

▼
「我々が唯一恐れなければならないのは、恐れそのものである」
—フランクリン・ローズベルト

▶ 解説
第32代アメリカ合衆国大統領フランクリン・ローズベルトの名言。have toの後ろにあるfearは「〜を恐れる」という意味の動詞。一方、isの後ろにあるfearは「恐れ」という意味の名詞です。またitselfは「それ自体」という意味を持ち、fear itselfで「恐れそのもの」を表します。

▶ 音読ポイント
冒頭のTheは「ザ」ではなく「ディ」と読みます。onlyなど、母音（a, e, i, o, u）で始まる単語の前にtheを置く場合、「ディ」と発音することが多いので覚えておきましょう。

Useful Tidbits
この名言は、1933年3月4日の大統領就任演説で語られた言葉です。その当時アメリカは、世界恐慌に陥っていました。大混乱と不安の最中、彼はこの偉大な名言を民衆に語り掛けたのです。

Date	STEP 0 Check	STEP 1 Listen	STEP 2 Overlap	STEP 3 Shadowing	STEP 4 my-oto-mo
/					%
	STEP 5 Recording				

DAY 37

🎧027 手本は教訓に勝る

Today's Lines ▶ Proverbs［ことわざ］

Example is better than precept.

▼
手本は教訓に勝る

▶ 解説

「人にあれこれアドバイスをするよりも、よい行いを実践して見せたほうがよい」、という意味のことわざ。比較級の*be* better than 〜（〜よりよい）が使われています。good（よい）→better（［2つを比べて］よりよい）→best（［3つ以上を比べて］もっともよい）と変化することも覚えておきましょう。preceptは「（道徳的な）教え、教訓」。

▶ 音読ポイント

Exampleのxaは舌の先を上の歯の裏側につけて「**ザ**」と発音します。またbetterは「ベター」ではなく「**ベラー**」と発音することがポイント。

Useful Tidbits

人にアドバイスや指摘をする際に、「**サンドイッチ型フィードバック**」という手法が使われることがあります。「褒める→指摘する→褒める」のように、「指摘する」行為を「褒める」というポジティブな行為で「挟む」ことで、部下のモチベーションを維持することができるのだとか。

Date	STEP 0 Check	STEP 1 Listen	STEP 2 Overlap	STEP 3 Shadowing	STEP 4 my-oto-mo
/					%

STEP 5 Recording	

DAY 38

🎧028
自分の得意なこと

I'm good at singing. I go to karaoke every Sunday.

▼
**私は歌うことが得意です。私は毎週日曜日にカラオケに
行きます。**

▶ **解説**

be good at 〜は「〜が得意である」という意味。反対に自分が苦
手なことを伝えたいときは、I'm not good at 〜.（私は〜が得意で
はありません）やI'm bad at 〜.（私は〜が苦手です）を使えばOK
です。

▶ **音読ポイント**

good at の部分は、「グッド アット」ではなく、「**グダッ（トゥ）**」と
つなげて読むことを意識しましょう。

Useful Tidbits

アメリカにも「カラオケ」
なるものは存在しますが、
日本のように個室で歌うの
ではなく、**バーのような場
所でほかのお客さんの前で
歌うスタイル**が定番です。

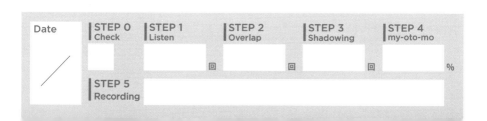

Date	STEP 0 Check	STEP 1 Listen	STEP 2 Overlap	STEP 3 Shadowing	STEP 4 my-oto-mo
/		▣	▣	▣	%
	STEP 5 Recording				

DAY 39

🎧029
虫の攻撃

Today's Lines ▷ Tongue Twisters［早口言葉］

A big black bug bit a big black dog.

▼
大きな黒い虫は大きな黒い犬をかみました。

▶ 解説

bから始まる単語を使った早口言葉。bit（〜をかんだ）は動詞bite（〜をかむ）の過去形です。bite（原形）– bit（過去形）– bitten（過去分詞）と不規則に変化します。bugは「虫」。

▶ 音読ポイント

bの発音は、上下の唇を一度閉じてから、空気を押し出すように「ブッ」と力強く発音します。また、A big black bugで一度区切り、そのあとを続けて読むと言いやすくなりますよ。

Useful Tidbits

夏場など、**車中に犬を放置**しておくことは健康や命の**危機**に関わります。アメリカの一部の州では、車中に放置されている犬を救出するために、その車を破壊しても罪に問われない法律があります。

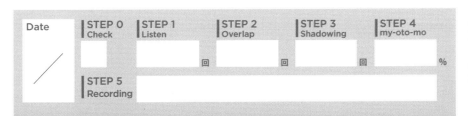

Date	STEP 0 Check	STEP 1 Listen	STEP 2 Overlap	STEP 3 Shadowing	STEP 4 my-oto-mo
/					%
	STEP 5 Recording				

DAY 40

🎧030
モモの物語6

Momo's daily routine involved eating the cat food that Oto prepared for her and filling her stomach.

▼
モモの日課は、オトが彼女のために用意してくれるキャットフードにありつき、お腹を満たすことでした。

▶ 解説

daily routine は「毎日のルーティーン、日課」を意味する表現。ほかにも、morning routine（朝の日課）やnight routine（夜の日課）などの表現もあります。involve *doing* は「〜することを伴う」という意味で、本文ではモモの日課がeating以降で説明されています。

▶ 音読ポイント

stomach の ch は「チ」と読むのではなく、「ク」と発音するイメージ。「ストマッ（ク）」と読み、最後の「ク」は弱く読むことを意識しましょう。

Useful Tidbits

英語で「お腹（胃）を満たす」は、胃（stomach）という単語が含まれた、**fill *one's* stomach** という表現を使います。胃ではなく「腹部」を指す言葉はbellyで、beer belly（ビールっ腹、ぽっこり出ているお腹）という表現が有名です。

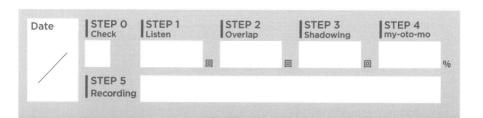

Date	STEP 0 Check	STEP 1 Listen	STEP 2 Overlap	STEP 3 Shadowing	STEP 4 my-oto-mo
/					%
	STEP 5 Recording				

DAY 41-42
5日間のおさらい

下記のDAYの音読を再度行いましょう。
それぞれ自分の音読をmy-oto-moで判定してベストスコアを
書き込みましょう。また、再度録音してみて、その気づきを
Recording欄に書き込んでおくと今後の参考になります。

DAY 36　🎧026

Date　　　my-oto-mo　　Recording

／

%

DAY 37　🎧027

Date　　　my-oto-mo　　Recording

／

%

DAY 38　🎧028

Date　　　my-oto-mo　　Recording

／

%

DAY 39　🎧029

Date　　　my-oto-mo　　Recording

／

%

DAY 40　🎧030

Date　　　my-oto-mo　　Recording

／

%

DAY 43

🎧031
丁寧にお願いする

Would it be possible for you to change the time of the meeting?

13:00 ···> 17:00

▼
会議の時間を変更していただくことは可能でしょうか？

▶ 解説

丁寧に頼み事をするときに使える表現。**Would it be possible for you to _do_ ～?** で「～していただくことは可能でしょうか？」と、相手に伺う表現になります。change the time of the meeting（会議の時間を変更すること）のように、to 以降は動詞の原形を続けます。possible は「可能な」。

▶ 音読ポイント

Would it の d は「ド」とは発音せず、舌を口の天井につけて音を止め、「**ウッ（ド）イッ（トゥ）**」のように発音します。possible は「ポッシブル」ではなく「**ポッシボゥ**」。

Useful Tidbits

アメリカと日本の時差はおよそ14〜19時間（サマータイムは除く）。アメリカの土地は広大なので、**国内だけで6つのタイムゾーンが**あります。取引先など、相手のビジネス拠点によって時差が変わるので注意が必要です。

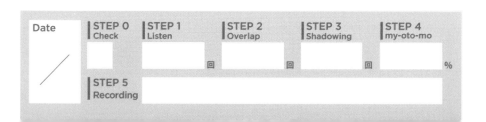

Date	STEP 0 Check	STEP 1 Listen	STEP 2 Overlap	STEP 3 Shadowing	STEP 4 my-oto-mo
/					%
	STEP 5 Recording				

DAY 44

🎧032
アインシュタインの言葉

Today's Lines ▸ Quotes［名言］

"Try not to become a man of success, but rather try to become a man of value."
—Albert Einstein

▼
「成功者になろうとするのではなく、価値ある者になれ」
—アルベルト・アインシュタイン

▶ **解説**

not *A* but rather *B* は「A ではなくむしろB」という意味。ここでは*A*が to become a man of success（成功者になること）、*B*が to become a man of value（価値ある者になること）にあたります。これに加えて、**Try not to ～**（～しようとするな）という命令文で始まっている英文です。

▶ **音読ポイント**

valueのvは上の歯で下の唇をかむように空気を出し、**「ヴァリュー」**と発音します。

Useful Tidbits

アインシュタインはドイツ生まれの理論物理学者。**「光の速度より速いものはない」**ことを示した**相対性理論**を始め、1年の間にいくつもの重要な概念を発表しました。論文を発表した1905年は「奇跡の年」と呼ばれ、アインシュタインは**「20世紀最大の物理学者」**と言われるまでになりました。

Date	STEP 0 Check	STEP 1 Listen	STEP 2 Overlap	STEP 3 Shadowing	STEP 4 my-oto-mo
/			▣	▣	▣ %

STEP 5 Recording	

DAY 45

🎧033
映画への誘い

Are you free on Sunday? I have two free tickets for a new movie.

▼
日曜日は空いてる？　新しい映画の無料チケットを2枚持っているの。

▶ 解説

Are you free on ～?（～は空いていますか?）は、相手の予定が空いているかどうかを聞くカジュアルな表現。onの後ろには曜日や日付を続けて尋ねることができます。特定の時間が空いているかどうかを聞く場合は、Are you free on Sunday at 10 o'clock?（日曜日の10時は空いている?）のように、〈at＋時間〉の表現を続けます。

▶ 音読ポイント

freeのfは上の歯を下の唇に押しつけ、空気を出しながら発音します。そのまま下唇を前に突き出すイメージで、「フリィー」と読みましょう。

Useful Tidbits

日本では映画の上映中は静かにするのがマナーです。一方で、アメリカやオーストラリア、カナダ、イギリスなどをはじめとする英語圏では、笑い声や驚きなど、**映画館でも普段と変わらずにリアクション**するのが一般的です。

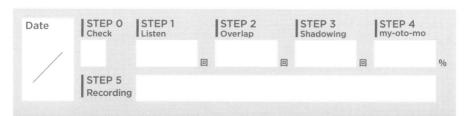

DAY 46

🎧034
貝の戦略

How can a clam cram in a clean cream can?

▼
どうやったら貝はきれいなクリーム缶の中にぎっしり入ることができるのか？

▶ 解説
cで始まる単語を使って、rとlの発音を鍛える早口言葉。Howは方法を尋ねる疑問詞です。How can 〜? で「どうやって〜できるのか?」という意味になります。文構造は、a clam（貝）が主語、cram（ぎっしり入る）が（自）動詞、in a clean cream can（きれいなクリーム缶の中に）が修飾語のかたまり。

▶ 音読ポイント
can aは「キャン ア」ではなく「キャナ」とつながります。また、lとrの発音の違いについては、lは舌を口の天井につけ、rは舌を丸めて発音することを意識しましょう。

Useful Tidbits
フランス革命期の軍人（後に皇帝）のナポレオン・ボナパルトは、遠征時の兵士たちの食料について、味の悪さや腐敗などに悩んでいました。それを解消するため、1804年にニコラ・アペールが長期保存可能な瓶詰を発明。その後、ピーター・デュランドが瓶を金属製容器に変え、缶詰めとなりました。

Date	STEP 0 Check	STEP 1 Listen	STEP 2 Overlap	STEP 3 Shadowing	STEP 4 my-oto-mo
/					%
	STEP 5 Recording				

DAY 47

🎧035
モモの物語 7

While Momo ate her food, Oto shared numerous stories about her experiences in high school and her dreams for the future.

▼
モモがご飯を食べている間、オトは高校で経験したたくさんの出来事や、将来の夢について語りました。

▶ 解説
While SV 〜は「SがVしている間」という意味の表現です。While you were out, ...（あなたが外出していた間に…）や、While I study, ...（勉強している間に…）のように、主語と動詞を続けて使います。share は「〜を共有する」、numerous は「たくさんの」。

▶ 音読ポイント
少し難しいのが、numerous（たくさんの）の発音。「ニュゥーマァラァス」と読むイメージで、声に出してみましょう。

Useful Tidbits
アメリカでは、日本のように中学〇年生、高校〇年生、といった区切り方はしません。代わりに、**学年のことをグレード（grade）**と呼びます。日本の小学校1年生〜高校3年生にあたる時期を 1st Grade、2nd Grade……12th Grade と呼び、12年間の区切りで考えます。

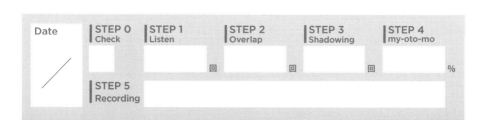

Date	STEP 0 Check	STEP 1 Listen	STEP 2 Overlap	STEP 3 Shadowing	STEP 4 my-oto-mo
/			回	回	回	%
	STEP 5 Recording				

DAY 48-49
5日間のおさらい

下記のDAYの音読を再度行いましょう。
それぞれ自分の音読をmy-oto-moで判定してベストスコアを
書き込みましょう。また、再度録音してみて、その気づきを
Recording欄に書き込んでおくと今後の参考になります。

DAY 43　🎧 031

Date　　my-oto-mo　　Recording

／　　　　%

DAY 44　🎧 032

Date　　my-oto-mo　　Recording

／　　　　%

DAY 45　🎧 033

Date　　my-oto-mo　　Recording

／　　　　%

DAY 46　🎧 034

Date　　my-oto-mo　　Recording

／　　　　%

DAY 47　🎧 035

Date　　my-oto-mo　　Recording

／　　　　%

DAY 50

🎧036
ウェールズへの旅行

Wayne went to Wales to watch walruses.

▼
ウェインはセイウチを見るためにウェールズへ行きました。

▶ 解説

wで始まる単語をたくさん使った早口言葉。Wayne went to Wales（ウェインはウェールズへ行きました）に to watch walruses（セイウチを見るために）が後ろから説明を加えています。この**to不定詞**は「**～するために**」という**目的**を表す働きをしています。

▶ 音読ポイント

wは口をすぼめて「ゥウ」と発音します。また、waの発音の違いに注意しましょう。Wayne「ゥウエイン」、wales「ゥウエイルズ」、watch「ゥウオッチ」、walruses「ゥウウォーレシィス」と、同じwaでもそれぞれ発音が異なります。

Useful Tidbits

セイウチは学名で**odobenus rosmarus**と言います。これは「歯で歩く海の馬」という意味を表します。セイウチが牙を使って体を水面から引き上げる姿から由来しています。

Date	STEP 0 Check	STEP 1 Listen	STEP 2 Overlap	STEP 3 Shadowing	STEP 4 my-oto-mo
/					%
	STEP 5 Recording				

DAY 51

🎧037
進捗を尋ねる

A: **How are the preparations for the design workshop going?** 🎤

B: **They're going well. Everything is on schedule.** 🎤

▼
A：デザインワークショップの準備はどうですか？
B：順調です。すべて予定通りですよ。

▶ 解説

How is/are 〜 going? は物事の進捗状況を尋ねるときに使える表現で、「〜（の進捗）はどうですか？」という意味を表します。また返答をする際は go well（うまくいっている）という表現を使って They're going well. のように返せばOK。preparation は「準備」、on schedule は「予定通りに」。

▶ 音読ポイント

design の発音は「デザイン」ではなく、「ディザァイン」のイメージ。「ザァ」の部分を強く読むように意識しましょう。

Useful Tidbits

How are you? と調子を聞かれて答えるとき、So-so.「まあまあです」と答えるように習ったことはありませんか？ 実は、英語圏の人が So-so. と答えることはあまりありません。「**まあまあです**」と伝えたい場合 は、**Not bad.** や **It's OK.** などが伝えたいニュアンスに近い返答になります。

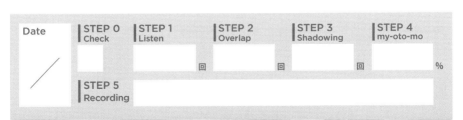

Date	STEP 0 Check	STEP 1 Listen	STEP 2 Overlap	STEP 3 Shadowing	STEP 4 my-oto-mo
/					%
	STEP 5 Recording				

DAY 52

🎧038
禁断の果実

Forbidden fruit is the sweetest.

▼
禁断の果実は一番甘い

▶ 解説

禁じられている物事はより魅力的に見える、という意味のことわざ。旧約聖書に書かれているアダムとイブが、食べてはいけないと言われていた果実を食べてしまった場面から由来しています。**forbidden** は「禁じられた」という意味で、**forbidden fruit** で「禁断の果実」。the sweetest（一番甘い）は sweet の最上級の形です。

▶ 音読ポイント

forbidden は「**フォービッ（ドゥ）ン**」と dd の部分をはっきり発音せず、舌を口の天井につけて音を止めましょう。また sweetest は「**スウィーデスッ**」と発音します。

Useful Tidbits

アダムとイブの「禁断の果実」は絵画などでリンゴとして描かれていることが多いものの、実際は聖書の中で**リンゴであるとは明記されていません**。イチジクやブドウ、バナナなどを「禁断の果実」だとする説もあります。

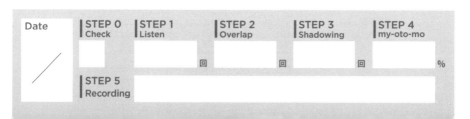

Date	STEP 0 Check	STEP 1 Listen	STEP 2 Overlap	STEP 3 Shadowing	STEP 4 my-oto-mo
/					%

	STEP 5 Recording	

DAY 53

🎧039 リンカンの言葉

"It's not the years in your life that count. It's the life in your years."
—Abraham Lincoln

▼
「何歳まで生きたのかが重要なのではない。どのように生きたのかが重要なのだ」
—エイブラハム・リンカン

▶ 解説

It's not A that 〜. で「〜なのはAではありません」という意味の表現。It isの後を強調したいときに使います。さらに、count は「重要である」という意味の動詞。リンカンは、the years in your life（生きた年数）ではなく、the life in your years（あなたらしく生きた人生[＝どのように生きたか]）が重要だと説いています。

▶ 音読ポイント

years in your lifeの部分は「イヤーズンニョライフ」のようにつなげて発音します。さらに、life in your years の部分も同様に life と inをつなげて「ライフェン」のように発音しましょう。

Useful Tidbits

「人民の人民による人民のための政治」（ゲティスバーグ演説）で知られるエイブラハム・リンカンは、アメリカ合衆国第16代大統領でした。奴隷解放宣言を公布した彼は「偉大な解放者」や「奴隷解放の父」などと呼ばれています。

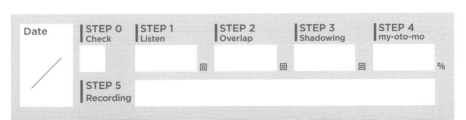

Date	STEP 0 Check	STEP 1 Listen	STEP 2 Overlap	STEP 3 Shadowing	STEP 4 my-oto-mo
/					%

STEP 5 Recording	

DAY 54 | 🎧040 モモの物語 8

Oto said,
"I talk like this every day, but I'm worried that you might be getting bored."

▼
オトは言いました。
「私は毎日こうやって話しているけど、モモは退屈してきているんじゃないかと心配だわ」

▶ 解説
「心配している」と伝えるときの英語表現を学習しましょう。ずばり、I'm worried that 〜. で「〜ということ［であること］を心配しています」という意味になります。that の代わりに about を使って、I'm worried about you.（あなたのことを心配しています）のような表現にすることもできます。get bored は「退屈する」。

▶ 音読ポイント
but I の部分は、「バット アイ」ではなく「バッダイ」とつなげて読みましょう。

Useful Tidbits
bored が「（人などが）退屈している状態」を意味する一方で、boring は「つまらない、退屈させるような（物）」を意味します。たとえば「つまらない映画」なら、bored movie ではなく、boring movie で表します。似た形で混同しやすいので、しっかり区別しておきましょう。

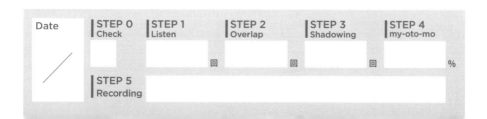

Date	STEP 0 Check	STEP 1 Listen	STEP 2 Overlap	STEP 3 Shadowing	STEP 4 my-oto-mo
/					%

	STEP 5 Recording	

DAY 55 - 56
5日間のおさらい

下記のDAYの音読を再度行いましょう。
それぞれ自分の音読をmy-oto-moで判定してベストスコアを
書き込みましょう。また、再度録音してみて、その気づきを
Recording欄に書き込んでおくと今後の参考になります。

DAY 50 🎧 036

Date   my-oto-mo   Recording

                %

DAY 51 🎧 037

Date   my-oto-mo   Recording

                %

DAY 52 🎧 038

Date   my-oto-mo   Recording

                %

DAY 53 🎧 039

Date   my-oto-mo   Recording

                %

DAY 54 🎧 040

Date   my-oto-mo   Recording

                %

DAY 57

🎧041
犬のお気に入りの靴

Today's Lines ▶ Tongue Twisters［早口言葉］

If a dog chews shoes, whose shoes does he choose?

▼
もし犬が靴をかむのなら、誰の靴を選ぶのか？

▶ 解説

「ウー」の音が含まれる単語 chews, shoes, whose, choose を使った早口言葉。**whose** は「**誰の**」という意味です。後ろに名詞を続け、whose shoes（誰の靴）のように使います。chew は「〜をかむ」。

▶ 音読ポイント

choose の oo は「**ウー**」と読みます。日本語の「ウ」よりも口をすぼめて、口を突き出すように発音しましょう。chews, shoes, whose もスペルは違いますが、choose の oo と同じ発音である「ウー」が入ります。

Useful Tidbits

英語圏で有名な言い訳に **The dog ate my homework.（犬が私の宿題を食べてしまいました）** というものがあります。生徒が宿題をやってくるのを忘れたときに、「宿題をやってきたけど、犬に食べられてしまったので手元にない」と先生にする言い訳です。

Date	STEP 0 Check	STEP 1 Listen	STEP 2 Overlap	STEP 3 Shadowing	STEP 4 my-oto-mo
/					%
	STEP 5 Recording				

DAY 58

🎧042
他人のものはよく見える

The grass is always greener on the other side.

▼
隣の芝生は青い

▶ **解説**
直訳すると「向こう側の芝生は常に青々としている」。他人の物は何であれ、自分の物よりよく見えるという意味。green が比較級になり、greener で「より青い」という意味を表します。

▶ **音読ポイント**
grass は「グラス」ではなく、「グラァス」と a にアクセントを置いて発音します。

Useful Tidbits

このことわざでは「芝生」に対して英語で greener という単語が使われていますが、日本語では「青」と訳されていますね。このように、物に対する「色」の表現は各国で異なります。たとえば、日本では太陽を「赤」で描きますが、欧米では「黄色」が一般的。虹であれば日本は7色ですが、**アメリカは6色、ドイツは5色**などの違いがあります。

Date	STEP 0 Check	STEP 1 Listen	STEP 2 Overlap	STEP 3 Shadowing	STEP 4 my-oto-mo
/					%
	STEP 5 Recording				

DAY 59

🎧043
マーク・トウェインの言葉

Today's Lines ▶ Quotes［名言］

"The best way to cheer yourself up is to try to cheer somebody else up."
—Mark Twain

▼
「あなた自身を元気づける一番の方法は、ほかの人を元気づけよ
うとすることです」
—マーク・トウェイン

▶ 解説
The best way to *do* 〜で「〜をする一番の方法は…」という意味。
The best way to cheer yourself up（あなた自身を元気づける
一番の方法）までが主語のかたまり。その方法を述べているのがto
try to cheer somebody else up（ほかの人を元気づけようとす
ること）の部分です。cheer 〜 up は「〜を元気づける」。

▶ 音読ポイント
主語のかたまりのup までを読んだら一息置いて、is to try 以降を
続けて読みましょう。

Useful Tidbits
マーク・トウェインはアメ
リカの作家で、数多くの小
説やエッセイを生み出しま
した。日本では『トム・ソ
ーヤーの冒険』が一番有名
ですが、その続編である『ハ
ックルベリー・フィンの冒
険』は当時の奴隷制や人種
差別を描き、アメリカ文学
の中で重要な位置づけとな
っています。

Date	STEP 0 Check	STEP 1 Listen	STEP 2 Overlap	STEP 3 Shadowing	STEP 4 my-oto-mo
/					%
	STEP 5 Recording				

DAY 60

🎧044
今夜の気分

Today's Lines ▶ Daily Conversations ［日常英会話］

I feel like having seafood tonight. Do you know any good places around here?

▼
今夜、シーフードが食べたい気分だな。この辺でどこか
いい場所を知ってる？

▶ **解説**

feel like *doing* で「〜したい気分」を意味します。ここでのhave
は「〜を食べる」という意味なので、feel like having seafood で
「シーフードが食べたい気分」となります。また、似た表現である
feel like SV との違いに注意しましょう。feel likeの後ろに主語と
動詞が続く場合、「SがVのように感じる、SがVのような気がする」
という意味になります。

▶ **音読ポイント**

feel は「**フィール**」のように「ル」をはっきり言うのではなく「**フ
ィーゥ**」と発音しましょう。

Useful Tidbits

レストランやホテルで、料
金とは別にスタッフから受
けたサービスに対して渡す
お金のことを**チップ**（**tip**）
と言います。アメリカやカ
ナダは料金の約15〜20％、
イギリスでは約10〜15％が
一般的ですが、お店の格や
時間帯によっても変わりま
す。

Date	STEP 0 Check	STEP 1 Listen	STEP 2 Overlap	STEP 3 Shadowing	STEP 4 my-oto-mo
/					%

	STEP 5 Recording	

DAY 61

🎧045
モモの物語 9

Today's Lines Stories［物語］

And Oto continued, "Do you have any dreams or anything that you want to try, too?"

▼
そしてオトはこう続けました。「モモにも、何かかなえたい夢とか、やってみたいことってあるのかな？」

▶ **解説**
相手の夢を尋ねたいとき、**Do you have any dreams?（何か夢はありますか？）** という表現が使えます。any は「何か」という意味の形容詞で、疑問文でよく使います。continue は「話を続ける」。

▶ **音読ポイント**
疑問文なので、**too** の後ろは上がり調子に読みます。相手に尋ねている場面を実際に思い浮かべて音読してみましょう。

Useful Tidbits
口語では、want to（〜したい）が wanna「ワナ」、going to（〜するつもりだ）が gonna「ガナ」と、短縮されることがあります。カジュアルな言い回しなので、友人間など親しい間柄同士で使います。

Date	STEP 0 Check	STEP 1 Listen	STEP 2 Overlap	STEP 3 Shadowing	STEP 4 my-oto-mo
/					%

STEP 5 Recording	

DAY 62-63
5日間のおさらい

下記のDAYの音読を再度行いましょう。
それぞれ自分の音読をmy-oto-moで判定してベストスコアを
書き込みましょう。また、再度録音してみて、その気づきを
Recording欄に書き込んでおくと今後の参考になります。

DAY 57 🎧041
Date　　　　　my-oto-mo　　Recording

%

DAY 58 🎧042
Date　　　　　my-oto-mo　　Recording

%

DAY 59 🎧043
Date　　　　　my-oto-mo　　Recording

%

DAY 60 🎧044
Date　　　　　my-oto-mo　　Recording

%

DAY 61 🎧045
Date　　　　　my-oto-mo　　Recording

%

DAY 64

🎧046
どんな耳?

Near an ear, a nearer ear, a nearly eerie ear.

▼
耳の近く、もっと耳の近く、ほとんど不気味な耳。

▸ **解説**
ear「イアー」の音を含む語の早口言葉。near（〜の近くに）は前置詞、nearer は near の比較級で「より近くの」という意味の形容詞。さらに nearly（ほとんど）は副詞です。見た目が似ている語でも、意味や品詞が違っておもしろいですね。eerie は「不気味な」。

▸ **音読ポイント**
ear「イアー」の「**イ**」は口を横に大きく広げ、そのまま r を発音するように、舌を口の奥へ動かしながら発音しましょう。また、eerie は「**イアリー**」と読みます。

Useful Tidbits

「耳」にまつわる英語表現に、**I'm all ears.** というものがあります。これは「私はすべて耳です」という直訳の意味ではなく、**「私はちゃんと聞いていますよ」「ぜひあなたの話を聞かせてください」**と、自分が相手の話を聞く準備ができていることを示す際に使われます。「全身が耳になるぐらい集中して話を聞いていますよ」というイメージです。

Date	STEP 0 Check	STEP 1 Listen	STEP 2 Overlap	STEP 3 Shadowing	STEP 4 my-oto-mo
/		回	回	回	%

STEP 5 Recording	

DAY 65

🎧047
ショッピングへの誘い

A: **Do you want to go shopping today? A new mall opened last week.** 🎤

B: **Sounds good.** 🎤

▼
A：今日、買い物に行かない？　新しいショッピングモールが先週オープンしたの。
B：いいね。

▶ 解説

ここでの **Do you want to** *do* 〜? は「あなたは〜したいですか？」という意味ではなく「〜しませんか？」と相手を誘う表現です。また、「〜してくれませんか？」とお願いするときにもこの表現が使えます。上から目線のような響きやニュアンスもなく、カジュアルに使える表現です。**Sounds good.** は「いいね」と相手の案に賛成する返答。mall は「ショッピングモール」。

▶ 音読ポイント

want to go は「ウォント トゥー ゴー」ではなく「**ウォン(トゥ)ゴゥ**」と、to を弱めに発音します。

Useful Tidbits

買い物で有名な日と言えば、大規模な安売りが実施される**ブラックフライデー**。元々は「**大量の客や交通を整備するために警察官が通常よりも長く勤務しなければならない日**」という、悪い意味からその名が付けられていました。ですがその後、「黒字を生み出す日」としてよい意味で使われるようになりました。

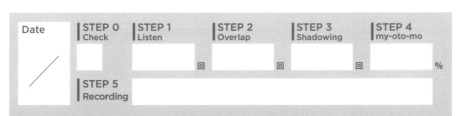

Date	STEP 0 Check	STEP 1 Listen	STEP 2 Overlap	STEP 3 Shadowing	STEP 4 my-oto-mo
/					%
	STEP 5 Recording				

DAY 66

🎧048
近いものほど見えにくい

Today's Lines ▶ Proverbs [ことわざ]

It's often difficult to see what's right in front of your eyes.

▼
灯台下暗し

▶ 解説

直訳すると「すぐ目の前にあるものを見ることは大抵難しい」となりますが、日本語でおなじみの「灯台下暗し」という意味のことわざです。**It is difficult to *do* 〜.**（〜するのは難しい）は日常でもよく使う表現です。たとえば「締め切りまでに宿題を終わらせるのは難しい」と言いたい場合は、It is difficult (for me) to finish my homework by the deadline. で表せます。

▶ 音読ポイント

rightのrは「ラ」の前に小さい「ゥ」の音を入れてみましょう。日本語の「う」を発音するように口をすぼめ、「ゥライ（トゥ）」と発音します。

Useful Tidbits

このことわざは、It's often difficult to see what's under your nose. という英語で表現することも。under your nose は直訳すると「鼻の下」ですが、つまり「鼻の先、すぐそこにある」という意味を表します。

Date	STEP 0 Check	STEP 1 Listen	STEP 2 Overlap	STEP 3 Shadowing	STEP 4 my-oto-mo
/		回	回	回	%
	STEP 5 Recording				

DAY 67

🎧049
誰かに見てもらうとき

Today's Lines ▶ Business Conversations ［ビジネス英会話］

Please take a look at the chart on page 2. This chart shows the number of sales for last year.

▼
2ページ目の表を見てください。この表は去年の販売数を示しています。

▶ 解説

Please take a look at 〜. で「〜を見てください」という意味。会議などで資料を見てもらいたいときに使える表現です。look at 〜（〜を見る）という表現と比べ、take a look at 〜には「〜をちらっと見る」というニュアンスがあります。chart は「表」。

▶ 音読ポイント

take a look at は「テイク ア ルック アット」のように一語ずつ発音せず、「**テイカルッカッ（トゥ）**」と a を弱く続けて発音しましょう。a が前の音の「ク」と混ざって「カ」となり、それぞれ take a「テイカ」と look at「ルッカッ（トゥ）」となります。

Useful Tidbits

グラフや表の名称を英語で言うことができると、英語での会議で役立ちます。「円グラフ」は pie chart、「棒グラフ」は bar chart、「折れ線グラフ」は line graph です。ちなみに「表」は chart 以外に、table という言葉で表すこともできます。

Date	STEP 0 Check	STEP 1 Listen	STEP 2 Overlap	STEP 3 Shadowing	STEP 4 my-oto-mo
/					%
	STEP 5 Recording				

DAY 68

🎧050
モモの物語10

Momo did indeed have several dreams that she had wanted to come true for a long time.

▼
そんなモモには、確かに長い間ずっとかなえたかったいくつかの夢がありました。

▶ 解説

for a long time は「長い間」を意味する表現。that は目的格の関係代名詞で、she had wanted several dreams to come true の several dreams を先行詞にとった形です。Momo did の did は、そのあとの have を強調するために置かれています（did があるため、have は原形になります）。indeed は「確かに」。

▶ 音読ポイント

that は「ザット」ではなく「ダッ」と読むイメージです。ちなみにこの that（目的格の関係代名詞）は、文法のルール上省略しても（読まなくても）問題ありません。

Useful Tidbits

今日は「夢（＝目標）」に関する豆知識を。海外では、**Vision Board（ビジョンボード）**を作ってSNSにアップするのが人気です。これは、自分がかなえたい夢や理想を表した写真を集めて切り抜き、コルクボードに貼りつけたもの。目の届くところにボードを置いたり周りにシェアしたりすることで、モチベーションを維持でき、夢をかなえやすくなると言われています。

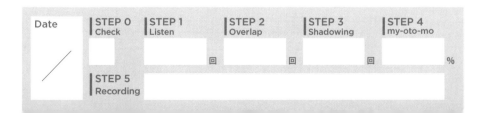

Date	STEP 0 Check	STEP 1 Listen	STEP 2 Overlap	STEP 3 Shadowing	STEP 4 my-oto-mo
/					%

	STEP 5 Recording	

DAY 69-70
5日間のおさらい

下記のDAYの音読を再度行いましょう。
それぞれ自分の音読をmy-oto-moで判定してベストスコアを
書き込みましょう。また、再度録音してみて、その気づきを
Recording欄に書き込んでおくと今後の参考になります。

DAY 64　🎧046
Date　　my-oto-mo　Recording

%

DAY 65　🎧047
Date　　my-oto-mo　Recording

%

DAY 66　🎧048
Date　　my-oto-mo　Recording

%

DAY 67　🎧049
Date　　my-oto-mo　Recording

%

DAY 68　🎧050
Date　　my-oto-mo　Recording

%

DAY 71

🎧051
パンの物々交換

Fred fed Ted bread, and Ted fed Fred bread.

▼
フレッドはテッドにパンを与え、テッドはフレッドにパンを与えました。

▶ 解説

e「エ」の発音を含んだ早口言葉。fed は feed（〜を与える）の過去形です。feed は動物に対して使うときは「（動物に）エサを与える」という意味になります。I feed my dog a snack once a day.（私は毎日1回、犬におやつを与えます）のように使います。

▶ 音読ポイント

bread の b は上下の唇を一度閉じてから離すときに、「ブッ」と空気を強く押し出すように発音します。ea の「エ」にアクセントを置き、d で舌を上の歯の裏につけて「ブレェッ（ドゥ）」と読みます。

Useful Tidbits

フランスのパンは、日本のパンと比べて硬いです。その理由は小麦粉の違いにあります。フランスでは土壌や気候により、パンの膨らみに必要なグルテン成分が乏しい小麦粉がほとんどでした。そのため、ふっくらとしたやわらかいパンではなく、フランスパンのような硬いパンが多いのです。

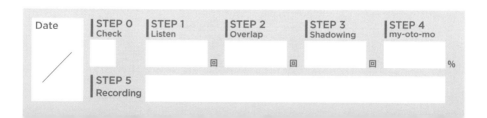

Date	STEP 0 Check	STEP 1 Listen	STEP 2 Overlap	STEP 3 Shadowing	STEP 4 my-oto-mo
/			▣	▣	▣ %

STEP 5 Recording

DAY 72

探し物

Have you seen my key? I'm not sure where I put it.

▼

私の鍵を見ませんでしたか？　どこに置いたのかわからないんです。

▶ 解説

Have you seen 〜? は「〜を見ましたか?」という意味。探し物をしているときに、相手に物を見ていないか、と尋ねる表現です。また、I'm not sure where SV 〜. は「SがVする場所がわかりません、確信が持てません」という意味を表します。put は「〜を置く」。

▶ 音読ポイント

where I put it は「ウェライ プティッ（トゥ）」と読むイメージ。前後の音をつなげることで、where I は「ウェア アイ」ではなく「ウェライ」、put it は「プット イット」ではなく「プティッ（トゥ）」と変化します。

Useful Tidbits

なくした物が見つからないときに訪れる「遺失物取扱所」は、英語で Lost and Found と呼びます。lost（なくした）と found（見つかった）が組み合わさっています。lost property（遺失物、落とし物）という表現とあわせて覚えておきましょう。

DAY 73 | 🎧053
孔子の言葉

"It does not matter how slowly you go as long as you do not stop."

—Confucius

▼
「あなたが止まらない限り、どれだけゆっくり進もうが問題はない」
—孔子

▶ **解説**

「立ち止まらない限り、歩く速度（＝成長速度）に関係なくあなたは確実に前進している」ということを唱えた、孔子の名言。**as long as SV 〜.** は「**SがVする限り〜**」という「**条件**」を表す表現。たとえば、You can go to the party as long as you finish your homework.（宿題を終わらせたらパーティーに行ってもいいよ）のように使います。

▶ **音読ポイント**

do not は「ドゥーノッ（トゥ）」のようにtを弱く発音しましょう。

Useful Tidbits

この名言を唱えた孔子は、**春秋時代の中国の思想家兼哲学者**。英語名では、Confucius（コンフューシャス）と呼ばれます。孔子の死後に弟子たちがまとめた『論語』には、人生の歩み方や人としての規範など、さまざまな教えが記載されています。

Date	STEP 0 Check	STEP 1 Listen	STEP 2 Overlap	STEP 3 Shadowing	STEP 4 my-oto-mo
/					%
	STEP 5 Recording				

DAY 74

🎧054
すべてはリーダー次第

Today's Lines ▸ Proverbs［ことわざ］

An army of sheep led by a lion would defeat an army of lions led by a sheep.

▼
ライオンが率いる羊の群れは、羊が率いるライオンの群れを倒す

▶ **解説**

「平凡な群れ（＝羊の群れ）でもライオンのように強いリーダーがチームを指揮すれば、弱いリーダー（＝羊）に率いられた強い群れ（＝ライオンの群れ）を倒せる」ことを示したことわざです。defeat という単語は「〜を打ち負かす」という意味で用いられ、He defeated the champion in five sets.（彼はチャンピオンを5セット目で打ち負かしました）のように使います。army は「大群、軍」、lead は「〜を率いる」。

▶ **音読ポイント**

lion は「ライオン」ではなく「**ライアン**」と読みます。「ア」と「オ」の中間の音をイメージして発音しましょう。

Useful Tidbits

羊を使った別の英語表現を紹介します。black sheep は直訳すると「黒い羊」ですが、「厄介な人」というネガティブな意味を表すことも。羊は白いので、「黒の羊だと群れの中で目立ってしまう」ということに由来します。なお、「黒の羊毛は染色できないから厄介」という説もあります。

Date	STEP 0 Check	STEP 1 Listen	STEP 2 Overlap	STEP 3 Shadowing	STEP 4 my-oto-mo
/					%
	STEP 5 Recording				

DAY 75

🎧055
モモの物語 11

Today's Lines ▶ Stories［物語］

Momo's dream was to leave the old house in the countryside and travel to various countries around the world.

▼
モモの夢とは、田舎の古い一軒家を飛び出して、世界中のさまざまな国へ行くことでした。

▶ **解説**

夢や目標を伝えるときには、*One's* **dream is to** *do* 〜.「…の夢は〜することです」の表現が万能。My dream is to become a doctor.「私の夢は医師になることです」のように、toの後ろには動詞の原形を続けましょう。countrysideは「田舎」、variousは「さまざまな」。

▶ **音読ポイント**

長い文章は、and（そして）の直前でポーズを置きましょう。本文ではcountrysideを発音したあとに少し間をあけて息継ぎをすると、なめらかに話せます。

Useful Tidbits

動詞のtravel（旅行する）をing形（〜すること）にするとき、**アメリカでは** **traveling**、**イギリスでは** **travelling**と表します。アメリカとイギリスでスペルが違う単語はほかにも、color(色[米式])とcolour(色 [英式])、apologize (謝る[米式])とapologise (謝る [英式]) などがあります。

Date	STEP 0 Check	STEP 1 Listen	STEP 2 Overlap	STEP 3 Shadowing	STEP 4 my-oto-mo
/					%

STEP 5 Recording	

DAY 76-77
5日間のおさらい

下記のDAYの音読を再度行いましょう。
それぞれ自分の音読をmy-oto-moで判定してベストスコアを
書き込みましょう。また、再度録音してみて、その気づきを
Recording欄に書き込んでおくと今後の参考になります。

DAY 71　🎧 051

Date　　　my-oto-mo　Recording

　　　　　　　　　　%

DAY 72　🎧 052

Date　　　my-oto-mo　Recording

　　　　　　　　　　%

DAY 73　🎧 053

Date　　　my-oto-mo　Recording

　　　　　　　　　　%

DAY 74　🎧 054

Date　　　my-oto-mo　Recording

　　　　　　　　　　%

DAY 75　🎧 055

Date　　　my-oto-mo　Recording

　　　　　　　　　　%

DAY 78

🎧056
お店で試着

A: **Which T-shirt do you think is better?** 🎤

B: **I like this one. Blue looks good on you.** 🎤

▼
A：どっちのTシャツがいいと思う？
B：僕はこっちが好きかな。君は青色が似合うよ。

▶ **解説**

ショッピングで服を選んでいるシーン。選択肢が２つある状況で、相手にどちらがいいと思うかを尋ねるときは、**Which 〜 do you think is better?**（あなたはどちらの〜がいいと思いますか？）を使います。また、*A* look(s) good on *B* は「AはBに似合っている」という意味。A にはThe cap（その帽子）やYour new hairstyle（あなたの新しい髪型）など、服飾品や髪型を当てはめることもできます。

▶ **音読ポイント**

good on you は「グッド オン ユー」ではなく、on を弱く発音し、「**グッドォンユゥ**」とつなげて読みます。

Useful Tidbits

お店で試着をしてみて、やっぱり買わないと決めることもありますよね。そんなとき、英語では店員さんに対して I'll leave it. / I'll pass.（やめておきます）とはっきり伝えましょう。もしくは I'm gonna think about it.（少し考えます）と遠回しに答えることもできます。

Date	STEP 0 Check	STEP 1 Listen	STEP 2 Overlap	STEP 3 Shadowing	STEP 4 my-oto-mo
/					%

STEP 5 Recording	

DAY 79

🎧057
危険は常に潜んでいる

Today's Lines ▷ Proverbs［ことわざ］

Don't think there are no crocodiles because the water is calm.

▼
水が穏やかだからといって、そこにワニがいないと思ってはならない

▶ **解説**

安全に見える状況でも、危険がないわけではない、という意味のことわざ。命令文の否定形である **Don't do ～.**（～するな）を用いて「そこにワニがいないとは思ってはならない」と警告しています。calm（穏やかな）は海や天候だけでなく人に対しても使うことができ、その場合は「（気分や態度が）平静な、落ち着いた」という意味になります。crocodile は「ワニ」。

▶ **音読ポイント**

calm は「**カァルム**」と a にアクセントを置きましょう。cal で口を大きめに開け、m で口を閉じて発音します。

Useful Tidbits

alligator も「ワニ」を意味します。これにちなんで、英語圏では See you later, alligator!（また後で、ワニさん！）という別れ際のあいさつがあります。返しは After a while, crocodile!（またね、ワニさん!）。later「レイター」と alligator「アリゲイター」、while「ホワイル」と crocodile「クロクダイル」で韻を踏んだ言葉遊びです。

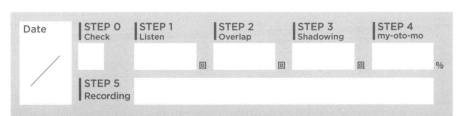

Date	STEP 0 Check	STEP 1 Listen	STEP 2 Overlap	STEP 3 Shadowing	STEP 4 my-oto-mo
/					%
	STEP 5 Recording				

DAY 80

🎧058
ヘンリー・D・ソローの言葉

Today's Lines ▶ Quotes [名言]

"Never look back unless you are planning to go that way."

—Henry David Thoreau

▼
「来た道を引き返すつもりでない限り、後ろを振り返ってはならない」
—ヘンリー・デイヴィッド・ソロー

▶ 解説

never を命令文の冒頭に使うことで、「決して～するな」という意味になります。後ろには動詞の原形が続き、Never look back で「決して後ろを振り返るな」という意味を表します。また plan to do は「～しようと考えている、～しようと計画している」という意味の表現。unless は「～しない限り」、way は「道」。

▶ 音読ポイント

Never look back で一度区切り、unless を強調しながら続きを読みましょう。go that way は「ゴー ザット ウェイ」ではなく「ゴゥダッウェイ」と発音します。

Useful Tidbits

ヘンリー・デイヴィッド・ソローはアメリカの作家であり、思想家でもありました。彼はアメリカのコンコードにある森の中、ウォールデン湖畔の近くに丸太小屋を建て、**自給自足の生活を2年2カ月間**送りました。そんな彼の作品は自然をテーマにしたものが多く、彼の思想は各地にさまざまな影響を与えました。

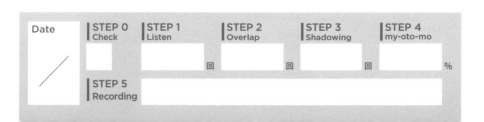

Date	STEP 0 Check	STEP 1 Listen	STEP 2 Overlap	STEP 3 Shadowing	STEP 4 my-oto-mo
/			回	回	回 ___%
	STEP 5 Recording				

DAY 81

🎧059
ギリシャのブドウ農家

The great Greek grape growers grow great Greek grapes.

▼
偉大なギリシャのブドウ栽培者は、大きなギリシャのブドウを育てている。

▶ 解説
grで始まる単語を使った早口言葉。The great Greek grape growers（偉大なギリシャのブドウ栽培者）が主語、grow（〜を育てる）が動詞、great Greek grapes（大きなギリシャのブドウ）が目的語です。同じ**great**でも「**偉大な**」と「**大きな**」のように、意味に違いがあることに注意しましょう。growerは「栽培者」、Greekは「ギリシャの」。

▶ 音読ポイント
gの発音は、日本語の「グ」のように口をすぼめるのではなく、喉の奥から「グッ」という音を出すイメージです。

Useful Tidbits
スペインのマヨルカ島にあるビニサレムでは、Festa des Vermarという**ワイン祭り**が毎年開催されます。この祭りの中で特に有名なイベントが**ブドウ合戦**です。ワイン用に間引いたブドウを、果汁まみれになりながら人々が思いっ切りぶつけ合います。

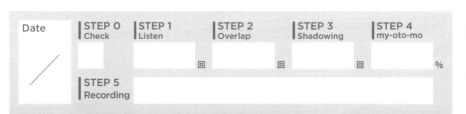

Date	STEP 0 Check	STEP 1 Listen	STEP 2 Overlap	STEP 3 Shadowing	STEP 4 my-oto-mo
/		回	回	回	%

STEP 5 Recording	

DAY 82

🎧060
モモの物語 12

"I wish I could live in a luxurious mansion somewhere in the world."

▼
「世界のどこかにある、豪華な大邸宅に住むことが
できたらなあ」

▶ 解説

I wish I could *do* 〜. は、「〜できたらいいなあ」を表します。「で
きたらいいなと願っているのに、できていない」状況を表すときに
使う、仮定法の表現です。I wish I could attend the party.（パ
ーティーに参加できればいいんだけど[=参加できなくてごめん]）
のように、人からの誘いや頼まれ事をやんわりと断るときにも使え
ます。luxurious は「豪華な」、mansion は「大邸宅」。

▶ 音読ポイント

" "（ダブルクォーテーションマーク）は、セリフのしるし。ここでは
猫のモモの気持ちになって、感情をこめて音読しましょう。「〜でき
たらなあ」という強い願いをイメージしながら、読むといいですね。

Useful Tidbits

自分の欲しい物をリスト化
した wish list（**ウィッシュ
リスト**）がアメリカでは定
番。オンライン上で友人や
家族に公開して、その中か
ら誕生日プレゼントや結
婚・出産祝いのギフトを相
手に選んでもらう、という
仕組みです。もらう側は欲
しい物が手に入り、贈る側
も相手が欲しい物がわかる
ので、双方にメリットがあ
りますね!

DAY 83 - 84
5日間のおさらい

下記のDAYの音読を再度行いましょう。
それぞれ自分の音読をmy-oto-moで判定してベストスコアを
書き込みましょう。また、再度録音してみて、その気づきを
Recording欄に書き込んでおくと今後の参考になります。

DAY 78　🎧056
Date　　　my-oto-mo　Recording

%

DAY 79　🎧057
Date　　　my-oto-mo　Recording

%

DAY 80　🎧058
Date　　　my-oto-mo　Recording

%

DAY 81　🎧059
Date　　　my-oto-mo　Recording

%

DAY 82　🎧060
Date　　　my-oto-mo　Recording

%

DAY 85

🎧061
脱プラスチックに向けて

Plastic waste is causing marine pollution, so many food and beverage businesses are starting to switch from plastic straws to paper ones.

▼
プラスチックごみが海洋汚染を引き起こしているため、多くの飲食事業はプラスチックストローから紙ストローへ切り替え始めています。

▶ 解説

海に流れ込んだプラスチックごみが海洋汚染（marine pollution）を引き起こしていることは、国際的に問題になっています。最近では、plastic free（脱プラスチック）に向けた取り組みが世界中で広がっています。英文後半の **switch from A to B** は、「A から B に切り替える」という意味の表現。beverage は「飲み物」。

▶ 音読ポイント

長い文章をきれいに読むには、「間」を意識することも大切。カンマの入った **pollution,** の部分で一拍置き、少し間を空けたあとに **so many ...** と続けて読んでいきましょう。緩急をつけて読むことで、自然な発音になります。

Useful Tidbits

イギリスでは、2022年から**再生プラスチック**（＝リサイクルして作られた環境に優しいプラスチック）の使用料が30パーセント未満の包装資材に対し課税を行う制度を導入し、話題を呼びました。

Date	STEP 0 Check	STEP 1 Listen	STEP 2 Overlap	STEP 3 Shadowing	STEP 4 my-oto-mo
/			回	回	%
	STEP 5 Recording				

DAY 86

🎧062 ハリエット・タブマンの言葉

Today's Lines ▶ Quotes [名言]

"Every great dream begins with a dreamer.🎙 Always remember, you have within you the strength, the patience, and the passion to reach for the stars to change the world."🎙

—Harriet Tubman Davis

▼

「すべての偉大な夢は夢想家から始まるのです。常に覚えておきなさい、あなた自身の中に、世界を変えるため、不可能を可能にする力、忍耐、そして情熱があるということを」
—ハリエット・タブマン・デイヴィス

▶ 解説

reach for the stars は「星（＝遠く離れたもの）を掴む」、つまり「不可能と思えるものを得ようとする」という意味の表現。to reach for the stars to change the world（世界を変えるため、不可能を可能にするための）はその前に出てくるthe strength（力）, the patience（忍耐）, and the passion（情熱）を後ろから説明しています。

▶ 音読ポイント

strength は「ストレングス」ではなく「**ストレンクス**」と発音します。gを「グ」と読まないように注意しましょう。

Useful Tidbits

ハリエット・タブマン・デイヴィスは、**アメリカ合衆国の元黒人奴隷**であり、奴隷解放運動家、女性解放運動家として活動していました。彼女は、19世紀の黒人奴隷たちが奴隷制の廃止された北部へ逃亡することを手助けした組織「地下鉄道」の指導者の1人としてよく知られています。

Date	STEP 0 Check	STEP 1 Listen	STEP 2 Overlap	STEP 3 Shadowing	STEP 4 my-oto-mo
/					%
	STEP 5 Recording				

DAY 87

🎧063
空腹の2人

A: I'm starving. I haven't eaten anything since this morning. 🎙

B: Well, we should stop by a café and grab something. Look! There's a café around the corner. 🎙

▼
A：お腹空いた！　今朝から何も食べていないんだ。
B：それなら、カフェに寄って何か食べよう。見て！　角を曲がったところにカフェがあるよ。

▶ 解説
I'm starving. で「お腹がとても空きました」という意味。starve（餓死する）を使うことで、餓死しそうな程腹ぺこであることを示しています。I'm hungry. よりも空腹度合いが高く、カジュアルに使われる表現です。grab は「～をさっと食べる・飲む」。

▶ 音読ポイント
starving は「スタァヴィン」とaにアクセントを置いて発音します。café は「カフェ」ではなく「キャァフェイ」と言います。日本語の発音との違いに注意しましょう。

Useful Tidbits
カフェにはさまざまな種類のコーヒーが売られていますね。そのうちの1つ、コーヒーの上に泡立てたクリームが乗っている「ウインナーコーヒー」の名前の由来を知っていますか？　この**「ウインナー」**はソーセージの意味ではなく、**オーストリアの首都・ウイーン**のこと。「ウイーン風のコーヒー」という意味で使われています。

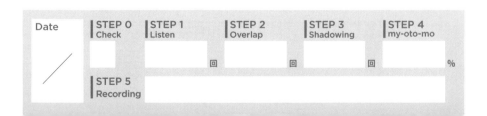

Date	STEP 0 Check	STEP 1 Listen	STEP 2 Overlap	STEP 3 Shadowing	STEP 4 my-oto-mo
/		▣	▣	▣	%
	STEP 5 Recording				

DAY 88

🎧064
ビリビリのシーツ

Today's Lines ▶ Tongue Twisters［早口言葉］

I slit the sheet, the sheet I slit, and on the slitted sheet I sit.

▼
私はシーツを裂き、私が裂いたシーツ、そして
裂かれたシーツに私は座る。

▶ 解説

s や sh で始まる単語がたくさん入った早口言葉。slit は「〜を裂く、
〜を細長く切る」という意味。the sheet I slit（私が裂いたシーツ）
の部分は、I slit が後ろから the sheet を修飾しています。また on
the slitted sheet I sit の 部 分 は、本 来 は I sit on the slitted
sheet（裂かれたシーツに私は座る）となるはずの語順が、on 以降
のかたまりが前に出て倒置が起こり、on the slitted sheet I sit と
なっています。

▶ 音読ポイント

slit の s は空気を含んで「ス」と発音します。さらに slitted は「ス
リティッ（ドゥ）」と最後の d を弱く発音します。

Useful Tidbits

日本では洗濯物を外に干す
ことは一般的ですが、実は
アメリカやヨーロッパでは
室内干しがメインです。そ
の理由の1つが、「（アメリ
カでは）外干ししている＝
乾燥機が買えないほどお金
がない」と考えられてしま
うため。またヨーロッパの
一部の地域では、景観を損
ねるという理由で外干し自
体が禁止されています。

Date	STEP 0 Check	STEP 1 Listen	STEP 2 Overlap	STEP 3 Shadowing	STEP 4 my-oto-mo
/		回	回	回	%
	STEP 5 Recording				

DAY 89

🎧065
モモの物語 13

"I wish I could indulge in a luxurious meal, the kind that I wouldn't normally have, and fully enjoy the extravagance."

▼
「普段は食べられないような豪華な食事に耽って、贅沢を満喫できたらいいなあ」

▶ 解説

indulge in 〜は「〜に耽る、〜を思う存分満喫する」という意味の表現です。I indulged in some shopping at an exclusive boutique.（高級ブティックで思う存分ショッピングを楽しみました）のように、inのあとには名詞を続けましょう。動名詞（ing形）が続くこともあります。I wish I could do 〜. はDAY 82を参照。extravagance は「贅沢」。

▶ 音読ポイント

luxurious は「ラグジュリアス」と読みます。濁る音が多いので少し発音しにくいですが、何度も繰り返し練習してみましょう。

Useful Tidbits

「豪華な」という言葉を聞くと、gorgeous（ゴージャス）という英単語が浮かぶ人が多いかもしれません。実は gorgeous は「豪華な」「高級な」という意味だけでなく、「素晴らしい」という褒め言葉でも使われます。This is a gorgeous town!（ここは素敵な町ね!）というように、何かをカジュアルに褒めるときによく使われます。

Date	STEP 0 Check	STEP 1 Listen	STEP 2 Overlap	STEP 3 Shadowing	STEP 4 my-oto-mo
/					%

STEP 5 Recording	

DAY 90 - 91
5日間のおさらい

下記のDAYの音読を再度行いましょう。
それぞれ自分の音読をmy-oto-moで判定してベストスコアを
書き込みましょう。また、再度録音してみて、その気づきを
Recording欄に書き込んでおくと今後の参考になります。

DAY 85 🎧 061
Date   my-oto-mo   Recording

              %

DAY 86 🎧 062
Date   my-oto-mo   Recording

              %

DAY 87 🎧 063
Date   my-oto-mo   Recording

              %

DAY 88 🎧 064
Date   my-oto-mo   Recording

              %

DAY 89 🎧 065
Date   my-oto-mo   Recording

              %

DAY 92

🎧066
映画チケットの購入

A: Hi. Could I get two tickets to *Oto Momo's Adventure* at 11:00? 🎤

B: Absolutely. Where would you like to sit? 🎤

A: Row D, seats 23 and 24, please. 🎤

▼
A：こんにちは。11時上映の『Oto Momo's Adventure』の
チケットを2枚買えますか？
B：もちろんです。お席はどこにいたしますか？
A：D列の23と24の席でお願いします。

▶ **解説**

Could I get ～ tickets? で「チケットを～枚買えますか？」という表現。そのあとにto（映画名）at（時間）を続けて、「〇時の『〇〇』」と、具体的に何時上映のどの映画を観たいのかを伝えることができます。absolutely は「まったくその通り」という意味の副詞ですが、会話では「もちろん」といった意味合いの返事として使われます。row は「列」。

Useful Tidbits

映画と言えば、ポップコーン。アメリカには、**ポップコーンにかけるためのバター**のディスペンサーが置いてある**映画館**がちらほら。追加のバターかけ放題で、高カロリーまっしぐらです。

▶ **音読ポイント**

Absolutely. は A に強いアクセントを置き、「**ア**ブソリュー（トゥ）リィ」と発音します。

Date	STEP 0 Check	STEP 1 Listen	STEP 2 Overlap	STEP 3 Shadowing	STEP 4 my-oto-mo
/					%
	STEP 5 Recording				

DAY 93

🎧067
完璧な人は誰もいない

Today's Lines ▶ Proverbs［ことわざ］

People who live in glass houses should not throw stones.

▼
ガラスの家に住んでいる人々は石を投げるべきではない

▶ 解説

自分自身にも欠点がある（壊れやすいガラスの家に住んでいる）に
もかかわらず、他人を批判してはならない（＝石を投げてはならな
い）。つまり、「自分のことを棚に上げて人を批判すべきでない」と
いう意味のことわざです。**People who 〜**で「**〜する人々**」という
意味。どんな人かを説明しているのが、後ろに続く live in glass
houses（ガラスの家に住む）です。throw は「〜を投げる」。

▶ 音読ポイント

単数形の house は「ハウス」ですが、複数形の houses は「**ハウズ
ィズ**」と読みます。throw の **th** は舌を上下の歯で挟んで発音しま
す。slow にならないように注意しましょう。

Useful Tidbits

「石を投げる」という行為に
関連する教訓は、聖書の福
音書に出ています。罪を犯
した女性が石打ちの刑にさ
れることになった際、イエ
スが「**あなた方の中で罪を
犯したことのない者が、ま
ずこの女に石を投げなさい**」
と述べたのです。すると1
人また1人と立ち去り、結
局誰もその女性に石を投げ
ることはできませんでした。

Date	STEP 0 Check	STEP 1 Listen	STEP 2 Overlap	STEP 3 Shadowing	STEP 4 my-oto-mo
/					%
	STEP 5 Recording				

DAY 94

🎧068
田舎者の犯行

Six sick hicks nick six slick bricks with picks and sticks.

▼
**6人のたちの悪い田舎者が、つるはしと棒で6つのなめらかな
レンガに切り傷をつける。**

▶ 解説

i「**イ**」の音を含む単語が並ぶ早口言葉。Six sick hicks（6人のたちの悪い田舎者）が主語、nick（〜に切り傷をつける）が(他)動詞、six slick bricks（6つのなめらかなレンガ）が目的語、with picks and sticks（つるはしと棒で）が修飾語のかたまりです。

▶ 音読ポイント

語末がcks「**クス**」で終わる単語とck「**ク**」で終わる単語が入り混じっているので、それぞれの発音に注意しましょう。文頭のSixという単語の語尾はsで終わっていませんが、発音は「**スィックス**」になります。

Useful Tidbits

sick は「病気の、たちの悪い」など、悪いニュアンスを持つ単語。しかし、スラングではsickは「かっこいい」などポジティブな意味で使われることもあります。ほかにも crazy が「最高」という意味になるなど、本来悪い意味の単語がスラングではいい意味になり使われることがよくあります。

Date	STEP 0 Check	STEP 1 Listen	STEP 2 Overlap	STEP 3 Shadowing	STEP 4 my-oto-mo
/			回	回	回 %
	STEP 5 Recording				

DAY 95

🎧069
ジョージ・ワシントンの言葉

Today's Lines | Quotes［名言］

"I hope I shall possess firmness and virtue enough to maintain what I consider the most enviable of all titles, the character of an honest man."

—George Washington

▼
「あらゆる肩書きの中で、私がもっとも羨ましいと思うのは「正直者」であり、それを維持できるほどの強さと美徳を持ち合わせたいものである」
―ジョージ・ワシントン

▶ 解説
shall には「〜しよう／〜するつもりだ」という意味があり、「決意」や「約束」を表します。現代では日常会話ではあまり使われず、契約書や法的な文書で「義務」「命令」を伝えるときに使われることが多いです。I hope I shall 〜で「〜するようにしたい」と訳すことができます。enough は「（〜するのに）十分な」という意味で、enough to maintain で「維持できるほど十分な」となります。

▶ 音読ポイント
what I は「ワライ」とつなげて発音します。またhonest は「ホーネスト」ではなく「オゥネス（トゥ）」です。hの音は発音せずに、oから発音するイメージで読みましょう。

Useful Tidbits
アメリカはかつてイギリスの植民地でした。そして、イギリスからの独立を目指したアメリカ独立戦争の指導者こそがジョージ・ワシントンです。彼は「建国の父」と呼ばれるうちの1人で、1789年に初代アメリカ大統領に就任しました。

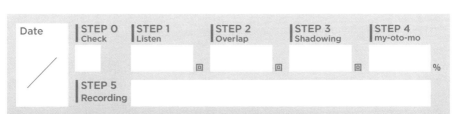

Date	STEP 0 Check	STEP 1 Listen	STEP 2 Overlap	STEP 3 Shadowing	STEP 4 my-oto-mo
/		回	回	回	%
	STEP 5 Recording				

DAY 96

🎧070
モモの物語 14

One day, Momo noticed that there was a rainbow-colored egg lying in the corner of the room.

▼
そんなある日、モモは部屋の隅に虹色の卵が落ちている
ことに気づきました。

▶ 解説

There is[was] 〜. は「〜があります・います（ありました・いました）」を意味する表現。人や物の存在について表すことができ、さまざまな場面で使えます。There is a library in our town.（私たちの町には図書館があります）のように、何かを紹介するときにも使える万能な表現です。lying in the 〜が egg を後ろから修飾しています。lying は lie（横たわる）の現在分詞。

▶ 音読ポイント

rainbow-colored（虹色の）のように、**ハイフンでつながれた語は一息で読めばOK**です。ハイフンの部分で間をあけず、続けて読みましょう。

Useful Tidbits

アメリカやイギリスでは、毎年3月または4月に**イースター（日本語では「復活祭」）**と呼ばれるお祝い事が開かれます。十字架に架けられたイエス・キリストが復活したことをお祝いするお祭りで、生命の象徴である「卵」がシンボル。小さな子どもたちは、庭や室内に隠されたペイントされた卵や卵のおもちゃを探し出す「エッグハント」という遊びで盛り上がります。

Date	STEP 0 Check	STEP 1 Listen	STEP 2 Overlap	STEP 3 Shadowing	STEP 4 my-oto-mo
/		▣	▣	▣	%
	STEP 5 Recording				

DAY 97-98
5日間のおさらい

下記のDAYの音読を再度行いましょう。
それぞれ自分の音読をmy-oto-moで判定してベストスコアを
書き込みましょう。また、再度録音してみて、その気づきを
Recording欄に書き込んでおくと今後の参考になります。

DAY 92　🎧066

Date　　　　my-oto-mo　Recording

%

DAY 93　🎧067

Date　　　　my-oto-mo　Recording

%

DAY 94　🎧068

Date　　　　my-oto-mo　Recording

%

DAY 95　🎧069

Date　　　　my-oto-mo　Recording

%

DAY 96　🎧070

Date　　　　my-oto-mo　Recording

%

DAY 99

🎧071
革の強度

Lesser leather never weathered wetter weather better.

▼
劣った革は決してうまく雨天に耐えられなかった。

▶ **解説**

lesser は「より劣った」という意味の形容詞。また、見た目が似ている2つの単語、weathered と weather にも注目。weathered は動詞 weather（〜を切り抜ける）の過去形、weather は名詞で「天気」を意味します。

▶ **音読ポイント**

weathered は「ウェダァッ（ドゥ）」と発音します。この th は音が濁って「ダ」という音になることに注意しましょう。舌の位置は th と同じく、上下の歯で挟んでいるときに「ダ」と音を出します。

Useful Tidbits

は虫類など珍しい動物を使った革を**エキゾチックレザー**（exotic leather）と呼びます。サメの革は**シャークスキンレザー**（sharkskin leather）、ダチョウの革は**オーストリッチレザー**（ostrich leather）と呼ばれます。

Date	STEP 0 Check	STEP 1 Listen	STEP 2 Overlap	STEP 3 Shadowing	STEP 4 my-oto-mo
/					%
	STEP 5 Recording				

DAY 100

🎧072
商品の返品

Today's Lines ▷ Daily Conversations［日常英会話］

A: Excuse me, could I return this? I'd like a refund, please. 🎙

B: Sure. Do you have the receipt? 🎙

A: Yes, I do. Here you are. 🎙

▼
A：すみません、こちらを返品できますか？　返金をお願いしたいです。

B：もちろんです。レシートはお持ちですか？

A：はい。こちらです。

▶ 解説

商品を返品したいときに使えるのが、Could I return 〜? の表現。もし返品ではなく別の商品と交換したい場合は、**exchange A for B**（AをBと交換する）という表現を使って、Could you exchange this bag for a black one?（このバッグを黒色のものと交換できますか？）のように言えばOKです。refundは「返金」。

▶ 音読ポイント

Could I return this? はreturn thisで徐々にトーンを上げて「**ク ダイ** リターンディス?」のように読みましょう。refundは「**リィ** ファン（ドゥ）」の「リィ」にアクセントを置きます。

Useful Tidbits

日本では、商品を返品できるのは初期不良があった場合のみなど、条件が細かく設定されているケースがほとんどです。一方アメリカなどの国では、**レシートさえあれば気軽に返品**が可能。たとえ商品が開封済みや使用済みであっても返品することができる店が多いです。

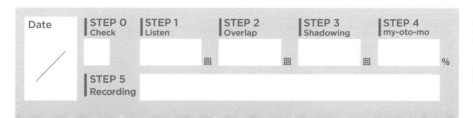

Date	STEP 0 Check	STEP 1 Listen	STEP 2 Overlap	STEP 3 Shadowing	STEP 4 my-oto-mo
/					%
	STEP 5 Recording				

DAY 101

🎧073
結局は本人次第

Today's Lines ▶ Proverbs [ことわざ]

You can lead a horse to water, but you can't make it drink.

▼
馬を水辺まで連れて行くことはできても、馬に水を飲ませることはできない

▶ 解説

「他人をサポートしても、その機会を生かすかは本人次第で、強制することはできない」ということを表したことわざ。lead *A* to *B* で「**A**を**B**に連れて行く」という意味。ここでの make は「〜を作る」ではなく、「…に〜させる」という意味の**使役動詞**。you can't make it drink で「それ（＝馬）に（水を）飲ませることはできない」となります。

▶ 音読ポイント

make it の部分は make の ma「メイ」を強く発音し、「メイキッ」と読みましょう。

Useful Tidbits

鉄道が発達する前までは、主に馬が交通手段として使われていました。19世紀頃、イギリスでは**屋根のついた四輪馬車**を coach と呼んでおり、それが現代では**長距離用バス**を意味するようになりました。

Date	STEP 0 Check	STEP 1 Listen	STEP 2 Overlap	STEP 3 Shadowing	STEP 4 my-oto-mo
/			回	回	回	%
	STEP 5 Recording				

DAY 102

🎧074
仕事をお願いするとき

A: **Do you have a minute right now? I need a hand with these documents.** 🎤

B: **Sure, what shall I do?** ❷

A: **Could you make twenty copies of this one for me?** 🎤

▼
A：今、時間ありますか？　書類のことで手助けが必要なんです。
B：もちろんです、何をすればよろしいでしょうか？
A：これのコピーを20部取ってくれますか？

▶ **解説**

仕事をお願いするときに使える表現が登場します。本文中のhandは「手助け」という意味で、**need a hand with ～**で「～の手助けを必要とする」という意味になります。また、〈**make ＋数字＋copies of ～**〉（～のコピーを…部取る）という表現を使って、コピーが何部必要なのかを伝えることもできます。

▶ **音読ポイント**

what shall Iはwhatのtを弱く発音します。shall Iとつなげて、「ゥワッシャルァイ」と読みましょう。

Useful Tidbits

コピー機に関するトラブルについては、**The copy machine is ～.**（コピー機が～です）を使って伝えることができます。「用紙切れ」は**out of paper**、「インク切れ」は**out of ink**です。また、「コピー機が詰まってしまいました」と言いたいときは、**jam**（～を詰め込む）を使って**The copy machine is jammed.**と言えばOKです。

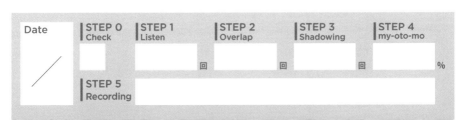

Date	STEP 0 Check	STEP 1 Listen	STEP 2 Overlap	STEP 3 Shadowing	STEP 4 my-oto-mo
/					%
	STEP 5 Recording				

DAY 103

🎧075
モモの物語 15

Today's Lines ▶ Stories [物語]

The egg sparkled, and it looked quite captivating. 🎙 Momo got curious and reached out her hand, then a strong light spread around her. 🎙
At that moment, Momo suddenly fell asleep. 🎙

▼
卵はきらきらと輝き、ずいぶん魅力的に見えました。気になってモモが手を伸ばすと、強い光が周囲に広がりました。その瞬間、モモは突然眠りに落ちました。

▶ **解説**
〈look＋形容詞〉は「〜に見える」を意味する表現。lookの後ろにcaptivating（魅力的な）のような形容詞を続けます。本文のquiteは「ずいぶん、かなり」を表し、looked quite captivatingで「ずいぶん魅力的に見えた」という意味になります。sparkleは「きらめく、輝く」、curiousは「知りたがる」、spreadは「広がる」。

▶ **音読ポイント**
以前学習した音読ポイント（→ DAY 36）の復習です。the eggのtheのように、**母音から始まる単語の前にtheを置く場合、theを「ザ」ではなく「ディ」と発音します。**

Useful Tidbits

fall asleep（眠りに落ちる）は、自分の意思とは関係なく無意識のうちに眠ってしまったときに使う表現です。一方で、自分の意志で眠る場合はgo to bed（ベッドに行く［＝寝る］）や、単純にsleep（眠る）を使って表します。

Date	STEP 0 Check	STEP 1 Listen	STEP 2 Overlap	STEP 3 Shadowing	STEP 4 my-oto-mo
/		回	回	回	%
	STEP 5 Recording				

DAY 104-105
5日間のおさらい

下記のDAYの音読を再度行いましょう。
それぞれ自分の音読をmy-oto-moで判定してベストスコアを
書き込みましょう。また、再度録音してみて、その気づきを
Recording欄に書き込んでおくと今後の参考になります。

DAY 99 　🎧 071

Date　　　my-oto-mo　Recording

　　　　　　　　　　%

DAY 100 　🎧 072

Date　　　my-oto-mo　Recording

　　　　　　　　　　%

DAY 101 　🎧 073

Date　　　my-oto-mo　Recording

　　　　　　　　　　%

DAY 102 　🎧 074

Date　　　my-oto-mo　Recording

　　　　　　　　　　%

DAY 103 　🎧 075

Date　　　my-oto-mo　Recording

　　　　　　　　　　%

DAY 106

🎧076 美容院でヘアカット

A: How would you like your hair cut? 🎤

B: I'd like to have it much shorter. Could you take about 10 cm off, please? 🎤

▼
A：髪型はどうなさいますか？
B：髪をかなり短くしていただきたいです。10センチ
ほど切ってもらえますか？

▸ 解説
I'd like to have it (= my hair) much shorter.（髪をかなり短く
していただきたいです）は、美容院で髪のカットを頼むときに使え
る表現。have A shorter で「Aを短くしてもらう」という意味を
表します。

▸ 音読ポイント
hair cut は「ヘアーカット」ではなく「ヘェァカッ（トゥ）」と発音
します。hは息を吐くようにして、tで音を止めましょう。

Useful Tidbits
日本語と英語では、髪形を
表す言葉が一緒のものもあ
れば、違うものも。日本語
の「ポニーテール」は英語
でも同じく ponytail と表
します。これは「馬のしっ
ぽ」という意味。さらに「ツ
インテール」は英語では
pigtails（ブタのしっぽ）
と呼びます。

Date	STEP 0 Check	STEP 1 Listen	STEP 2 Overlap	STEP 3 Shadowing	STEP 4 my-oto-mo
/					%
	STEP 5 Recording				

DAY 107

🎧077
取引先の会社の受付で

Today's Lines Business Conversations [ビジネス英会話]

A: Hello. May I help you? 🎤

B: I'm Hiro Kimoto from Telmegg Communication. I have an appointment with Ms. Miller from the Sales Department at 3:30 p.m. 🎤

A: We've been expecting you. Could you fill in this form? 🎤

▼

A：こんにちは。ご用件をお伺いいたします。

B：Telmegg Communication 社のキモト ヒロです。営業部のミラーさまと午後3時30分に面会の約束をしています。

A：お待ちしておりました。こちらの用紙にご記入いただけますか？

▶ **解説**

相手の会社を訪問した、受付先での会話。have an appointment with ～ at ... で「～さんと…時に面会の約束がある」という意味を表すことができます。fill in ～は「～を記入する」という意味で、書類などに必要事項を書き込むときに使います。form は「用紙」。

▶ **音読ポイント**

have an appointment は「ハヴァナポイン(トゥ)メン(トゥ)」とan の音をつなぐように、そしてt を弱めに発音して読みましょう。

Useful Tidbits

会社の部署を表すときは department、もしくは division を使います。「経理部」は Accounting Department、「宣伝部」は Advertising Department です。「人事部」は Human Resources Department と表し、HR Department と省略するときもあります。

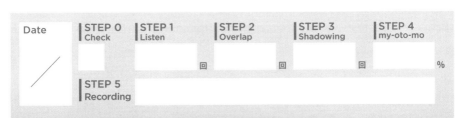

Date	STEP 0 Check	STEP 1 Listen	STEP 2 Overlap	STEP 3 Shadowing	STEP 4 my-oto-mo
/		回	回	回	%
	STEP 5 Recording				

DAY 108

🎧078
生涯学習

"Lifelong learning" is the concept of pursuing additional education for personal or professional reasons throughout your life. 🎤 Not only can it lead to new career opportunities but also personal fulfillment. 🎤

▼
「生涯学習」とは、個人的または職業的な理由から、生涯を通じてさらなる教育を追求するという概念です。生涯学習は新たなキャリアの機会につながるだけでなく、個人的な満足感にもつながります。

▶ 解説

人生において学び続けていくことを指す、生涯学習がテーマの文。not only A but also B（Aだけでなく B も）という表現を覚えておきましょう。この表現から始まる文では、**主語と動詞の倒置が起こる**こともポイント。Not only it can lead to ... ではなく、can it lead to ... と Not only 以降の語順が変わっています。pursue は「～を追い求める」、fulfillment は「満足感」。

▶ 音読ポイント

pursuing は「パースゥイン（グ）」と読み、su「スゥ」の部分を強く発音します。また、opportunities は「オポチュニディズ」と読み、o「オ」と tu「チュ」の部分を強く発音します。

Useful Tidbits

生涯学習とは、卒業後に教育機関に入り直し、別の専門分野を学ぶことのみを意味するわけではありません。自分の興味のある講座に参加する、やってみたい習い事に通う、自分で教材を使って学習するなど、さまざまな形があります。

Date	STEP 0 Check	STEP 1 Listen	STEP 2 Overlap	STEP 3 Shadowing	STEP 4 my-oto-mo
/		回	回	回	%
	STEP 5 Recording				

DAY 109

🎧079 はじめて直接会うとき

Today's Lines ▶ Business Conversations［ビジネス英会話］

A: Thank you for coming all the way to our office. I'm glad to finally meet you, Ms. Tanaka. 🎤

B: And I'm very happy to meet you, too. Thank you for taking the time to see me today. 🎤

▼

A：はるばるオフィスまで来ていただきありがとうございます。ついにお会いできてうれしいです、タナカさん。

B：私もお会いできてとてもうれしいです。本日はお時間を取っていただきありがとうございます。

▶ **解説**

取引先の担当者と会社ではじめて会うときの会話。**all the way** は「はるばる」という意味。I'm glad to finally meet you.（ついにお会いできてうれしいです）は、メールや電話などでこれまでやり取りはしていたものの、**直接会うのがはじめて**である場合に使います。glad は「うれしい」、finally は「ついに」。

▶ **音読ポイント**

coming all the way は all「オォゥ」を強調して「カミン オォゥ ダウェイ」のように読みましょう。

Useful Tidbits

アメリカの大手企業のオフィスでは、職員のランチやスナックなどが**無料**で提供されるところも。体を動かすための**運動用スペース**が併設されているところもあり、施設が充実したオフィスが多いようです。

Date	STEP 0 Check	STEP 1 Listen	STEP 2 Overlap	STEP 3 Shadowing	STEP 4 my-oto-mo
/					%
	STEP 5 Recording				

DAY 110

🎧080
モモの物語 16

Today's Lines Stories［物語］

When Momo woke up, she found herself sitting on a king-sized bed. "Where am I?" There was a glittering chandelier on the ceiling, and the room was very spacious.

▼
目を覚ますと、モモはキングサイズのベッドの上に座っていました。「ここはどこ？」
天井にはきらびやかなシャンデリアがあり、その部屋はとても広かったのです。

▶ **解説**
find *oneself doing* は「気づいたら〜している」という意味の表現。found herself sitting on 〜で「〜の上に座っていることに気づいた」という意味になります。glittering は「光り輝く」、spacious は「広々とした」。

▶ **音読ポイント**
chandelier の発音は「シャンデリア」でなく「シャンデリィア」。li「リィ」の部分にアクセントを置いて音読しましょう。

Useful Tidbits
ベッドのサイズは、シングル、セミダブル、ダブル、クイーン、キングの順に大きくなります。ちなみに「セミダブル」は和製英語で、英語では small double（スモールダブル、小さなダブル）という表現を使います。

Date	STEP 0 Check	STEP 1 Listen	STEP 2 Overlap	STEP 3 Shadowing	STEP 4 my-oto-mo
/					%
	STEP 5 Recording				

DAY 111-112
5日間のおさらい

下記のDAYの音読を再度行いましょう。
それぞれ自分の音読をmy-oto-moで判定してベストスコアを
書き込みましょう。また、再度録音してみて、その気づきを
Recording欄に書き込んでおくと今後の参考になります。

DAY 106　🎧 076
Date　　　　my-oto-mo　　Recording

%

DAY 107　🎧 077
Date　　　　my-oto-mo　　Recording

%

DAY 108　🎧 078
Date　　　　my-oto-mo　　Recording

%

DAY 109　🎧 079
Date　　　　my-oto-mo　　Recording

%

DAY 110　🎧 080
Date　　　　my-oto-mo　　Recording

%

DAY 113

🎧081
イルカのコミュニケーション

Dolphins communicate by using a wide range of sounds, such as clicking noises and whistles. They can also express emotions by moving their tails and flippers.

▼
イルカはクリック音やホイッスル音など、幅広い音を使ってコミュニケーションを取ります。また、尾やヒレを動かして感情を示すこともできます。

▶ **解説**

とても頭がよく、社会的な生き物であるイルカに関する文章。イルカはコミュニケーションを取る際、人間のように音声と体を使います。a wide range of 〜は「幅広い〜、たくさんの〜」という意味。ofのあとにはsounds（音）のように複数形の名詞を続けましょう。

▶ **音読ポイント**

whistlesは「ウィストルズ」ではなく「ウィッソウズ」と読みます。「ウィ」は口をすぼめて発音し、tは発音しないように注意しましょう。

Useful Tidbits

イルカの発する**クリック音**は「エコーロケーション」と呼ばれており、音のエコー（反響）を聞いて、周りの物体（エサなど）を認知することができます。一方で**ホイッスル**は口笛のような高い音で、仲間にエサの場所や敵の存在を知らせるために使われます。

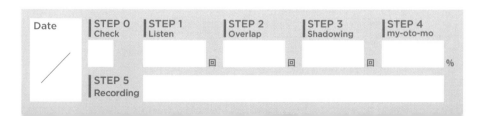

Date	STEP 0 Check	STEP 1 Listen	STEP 2 Overlap	STEP 3 Shadowing	STEP 4 my-oto-mo
/					%
	STEP 5 Recording				

DAY 114 082 病院の診療時

Today's Lines　Daily Conversations［日常英会話］

A: **What seems to be the problem?** 1
B: **I've had a headache since last week.** 2
A: **Do you have any other symptoms?** 3
B: **Yes, I do. I feel dizzy.** 4

▼
A：どうなさいましたか？
B：先週から頭痛が続いているんです。
A：ほかに何か症状はございますか？
B：はい、あります。めまいがします。

▶ 解説

病院での診察時の会話。What seems to be the problem?（どうなさいましたか？）と聞かれたら、**I've had 〜 since ....**（**…から〜［の痛み］が続いています**）という表現を使い、一定期間続いている症状を伝えましょう。headacheは「頭痛」、symptomは「症状」、dizzyは「めまいがする」。

▶ 音読ポイント

I've hadのdは弱く発音し、「**アイヴハッ**」と読みます。また、headacheはhea「へ」の部分にアクセントを置き、「**ヘデェィク**」と読みましょう。

Useful Tidbits

病院の診察時には、的確に自分の症状を伝えたいもの。**I feel sick.（気分が悪いです）**、**I feel nauseous.（吐き気がします）**、**I feel chilly.（寒気がします）** などの表現もあわせて覚えておきましょう。

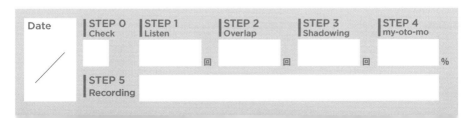

Date	STEP 0 Check	STEP 1 Listen	STEP 2 Overlap	STEP 3 Shadowing	STEP 4 my-oto-mo
/		回	回	回	%
	STEP 5 Recording				

DAY 115

🎧083
売り上げの増加を伝える

Today's Lines ▷ Business Conversations ［ビジネス英会話］

Thanks to all of your efforts, we've boosted our sales by 20% compared to last year. We're really pleased with this result.

▼
皆さんの努力のおかげで、売り上げは昨年と比べて20パーセント増加しました。この結果に対して、本当に喜ばしく思っています。

▶ 解説
売り上げがどの程度上がったのか、具体的な数値を伝えている場面。boost *one's* sales は「〜の売り上げを増加させる」という意味の表現です。by 20％のbyは「程度・差」を表しています。effort は「努力」、compared to 〜は「〜と比べて」、pleased は「喜んで」。

▶ 音読ポイント
all of は「オール オヴ」ではなく「オーロヴ」と音をつなげます。compared はpa「ペ」にアクセントを置き「コンペァァ（ドゥ）」と発音しましょう。

Useful Tidbits
boost（〜を増加させる）は、boost price（値段を上げる）やboost *one's* income（収入を上げる）など、**お金に関する言葉と一緒によく使われる動詞で**す。その一方で、**boost morale**（士気を高める）のような表現で使われることも。

Date	STEP 0 Check	STEP 1 Listen	STEP 2 Overlap	STEP 3 Shadowing	STEP 4 my-oto-mo
/			回	回	回 ... %
	STEP 5 Recording				

DAY 116

🎧084 フードバンク

Today's Lines ▷ General Interest Topics ［一般的な関心事］

Food bank is a nonprofit organization that offers free food to people in need. The food is donated by restaurants, grocery stores, and individuals.

▼
フードバンクとは、助けを必要とする人々に無料の食料を提供する非営利団体です。食料はレストラン、食料品店や個人から寄付されています。

▶ **解説**

フードバンクとは、見た目や賞味期限が近いなどの理由でまだ食べられるのに廃棄されてしまう食料を寄付してもらい、食料を必要としている人々に届ける団体や活動のこと。**need**には名詞に「**窮地、貧困**」という意味があり、**people in need**で「**困窮状態にある人**」のことを表します。**donate**は「**〜を寄付する**」、**grocery store**は「**食料雑貨店**」、**individual**は「**個人**」。

▶ **音読ポイント**

「非営利」を意味する**nonprofit**は**no**「ノ」と**ro**「ゥロ」にアクセントを置き、「**ノ**ンプ**ロ**フィッ（トゥ）」と読みましょう。

Useful Tidbits

フードバンクは、1967年にアメリカのアリゾナ州フェニックス市にて、はじめて設立されました。それ以降、この活動はヨーロッパ、アフリカ、アジアなどさまざまな地域で広がっています。

Date	STEP 0 Check	STEP 1 Listen	STEP 2 Overlap	STEP 3 Shadowing	STEP 4 my-oto-mo
/					%
	STEP 5 Recording				

DAY 117

🎧085
モモの物語17

Today's Lines | Stories［物語］

Just then, Momo heard music coming from outside. She looked out the window and realized that the Band of the Royal Guards were playing their instruments. 🎤

"Is this... possibly not Japan?" 🎤

▼
ちょうどそのとき、外から音楽が聞こえてきました。窓の外を
見ると、近衛軍楽隊が楽器を演奏していました。
「ここは…もしかして日本じゃない？」

▶ **解説**

hear *A doing* は「Aが〜しているのを聞く」という意味の表現。このhearは知覚動詞（＝五感で感じる行為を表す動詞）の1つです。heard music coming from 〜で「音楽が〜から聞こえてきた」という意味を表します。知覚動詞を使った表現はほかにも、see *A doing*（Aが〜しているのを見る）などがあります。royalは「王室の」。

▶ **音読ポイント**

最後のセリフ "Is this... possibly not Japan?" は、驚きと疑問が入り混じった感情をイメージしながら、少しゆっくり音読してみましょう。登場人物の気持ちになりきって音読することがポイント。

Useful Tidbits

近衛軍楽隊は、黒くて長い大きな帽子と赤い制服でおなじみ。長い帽子をかぶっている理由は、ナポレオン戦争が起こった19世紀にさかのぼります。その当時フランス軍は長い帽子を歩兵にかぶせることで背を高く見せ、相手に威圧感を与えようとしていたんだとか。

Date	STEP 0 Check	STEP 1 Listen	STEP 2 Overlap	STEP 3 Shadowing	STEP 4 my-oto-mo
/					%
	STEP 5 Recording				

DAY 118 - 119
5日間のおさらい

下記のDAYの音読を再度行いましょう。
それぞれ自分の音読をmy-oto-moで判定してベストスコアを
書き込みましょう。また、再度録音してみて、その気づきを
Recording欄に書き込んでおくと今後の参考になります。

DAY 113　🎧 081
Date　　　my-oto-mo　Recording

%

DAY 114　🎧 082
Date　　　my-oto-mo　Recording

%

DAY 115　🎧 083
Date　　　my-oto-mo　Recording

%

DAY 116　🎧 084
Date　　　my-oto-mo　Recording

%

DAY 117　🎧 085
Date　　　my-oto-mo　Recording

%

DAY 120

🎧086
事業の拡大

Today's Lines ▷ Business Conversations ［ビジネス英会話］

A: **Our business has been expanding lately, hasn't it?**

B: **You're right. I think we should hire more people next year.**

A: **I agree with you there.**

▼
A：最近、私たちの事業は拡大していますよね？
B：その通りですね。私たちは来年、より多くの社員を雇うべきだと思います。
A：その点は私も賛成です。

▶ **解説**
相手からの提案に対して「賛成です、同意見です」と伝えるときは、I agree with you there. という表現が使えます。一方で、「反対です」と伝えるときはI'm sorry, but I have a different opinion.（すみません、私には別の意見があります）と述べ、自分の意見を続けると丁寧でしょう。expand は「拡大する」、lately は「最近」、hire は「～を雇う」。

▶ **音読ポイント**
hasn't it? は「ハズンティッ（トッ）」と発音するイメージです。下がり口調で読んでみましょう。

Useful Tidbits
「～を雇用する」を意味する英単語には、employ とhire があります。**employ** が**「長期的に雇用する」**というニュアンスを持つのに対し、**hire** は「**（特定のプロジェクトなどのために）一時的に契約を結び雇用する**」というニュアンスを持ちます。

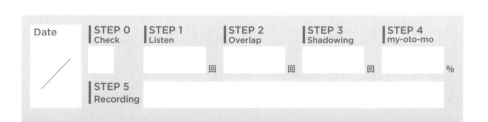

Date	STEP 0 Check	STEP 1 Listen	STEP 2 Overlap	STEP 3 Shadowing	STEP 4 my-oto-mo
/					%
	STEP 5 Recording				

DAY 121

🎧087
Z世代

Gen Z is the generation born roughly between the mid-1990s and early 2010s. They grew up with the internet, so they are called "digital natives."

▼
Z世代とは、およそ1990年代半ばから2010年代初頭の間に生まれた世代のことです。彼らはインターネットとともに育ったので、「デジタル・ネイティブ」と呼ばれています。

▶ 解説

S is[am/are] called 〜. で「Sは〜と呼ばれています」という意味を表します。calledのあとに人や物の呼び名・愛称を続けます。Z世代は、digital native（デジタルネイティブ＝生まれたときからデジタル機器やインターネットがある環境で育った人）と呼ばれていますね。roughlyは「およそ」、grow upは「成長する」。

▶ 音読ポイント

roughlyは「ゥラフリィ」と読みます。ghは無声音なので注意が必要です。喉を震わせず、口先だけで息を吹くイメージで「フ」と読みましょう。

Useful Tidbits

一般的に1960年代頃から1970年代後半に生まれた人たちはX世代、1980年代頃から1990年代初頭に生まれた人たちはY世代（ミレニアル世代）と呼ばれます。このアルファベットの順番で、1990年代半ばから2010年代初頭に生まれた人たちのことをZ世代と呼ぶようになりました。

Date	STEP 0 Check	STEP 1 Listen	STEP 2 Overlap	STEP 3 Shadowing	STEP 4 my-oto-mo
/					%
	STEP 5 Recording				

DAY 122

🎧088
プラトンの名言

Today's Lines | Quotes [名言]

"Without effort, you cannot be prosperous. Though the land be good, you cannot have an abundant crop without cultivation."

—Plato

▼
「努力なしに繁栄することはできない。土地がよくても、耕作す
ることなしに豊富な作物を得ることはできない」
—プラトン

▶ 解説

今日は、古代哲学者プラトンの名言を1つ。「どんなによい土地（＝
才能）を持っていても、耕作（＝努力）することなしに成果を得ら
れることはない」というメッセージがこめられています。**without
effort は「努力なしに」という意味の表現**です。prosperous は
「繁栄している」、abundant は「豊富な」、cultivation は「耕作」。

▶ 音読ポイント

本文に二度出てくる without は、「ウィ**ザァゥ**」と発音するイメー
ジです。「ザァゥ」の部分を強く読むことを意識しましょう。

Useful Tidbits

プラトンは、古代ギリシア
の哲学者。哲学者ソクラテ
スに憧れ、弟子入りを果た
した人物です。プラトンは
自身で学園を創設し、哲学
を教授。その創設地である
「アカデメイア」は学園名と
してそのまま使用されまし
た。現代の言葉 academy
（アカデミー、高等教育機
関）は、このアカデメイア
が語源です。

Date	STEP 0 Check	STEP 1 Listen	STEP 2 Overlap	STEP 3 Shadowing	STEP 4 my-oto-mo
/					%
	STEP 5 Recording				

DAY 123

🎧089
相手の意外な趣味

A: Ken, your lunch looks delicious. Did you make it by yourself? 🎤①

B: Yes, I did! I recently started taking cooking classes. 🎤②

A: Wow, I didn't know you liked to cook! 🎤③

▼
A：ケン、あなたのランチおいしそうだね。それ、自分で作ったの？
B：そうさ！　最近料理教室に通い始めたんだ。
A：わあ、料理が好きだなんて知らなかった！

▶ **解説**

本文は、ケンが料理好きであるということが判明したシーン。相手の意外な趣味を知って驚いたときは、**I didn't know you liked to do ～.**（～することが好きとは知りませんでした）という表現が使えます。

▶ **音読ポイント**

「おいしそう！」という感情をこめて、delicious の部分は特に強調して読みましょう。また、make it の部分は単語同士がつながり、「**メイキッ**」と発音します。

Useful Tidbits

日本の**bento**（お弁当）は、栄養バランスと彩りのよさ、またその品目の多さから、世界中で注目を浴びています。**海外では、サンドイッチやフルーツ、パンなどがごろりとパックに詰められているお弁当が主流。**日本ほど、さまざまな品目が細かく詰められてはいません。

Date	STEP 0 Check	STEP 1 Listen	STEP 2 Overlap	STEP 3 Shadowing	STEP 4 my-oto-mo
/		▣	▣	▣	%

STEP 5 Recording	

DAY 124 | 🎧090 モモの物語 18

Today's Lines ▷ Stories〔物語〕

Momo was startled and ran out of the room. Outside, the Union Jack was flying from a flag pole. Yes, she was at Buckingham Palace in the heart of London, England.

▼
モモは驚き、部屋を飛び出しました。外にはユニオンジャック
の旗が旗竿から掲げられていました。そう、モモはイギリスの
ロンドンの中心部にあるバッキンガム宮殿にいたのです。

▶ **解説**
イギリス王室のあるバッキンガム宮殿は、ロンドンの中心部に位置
していますね。heart は「中心、中心地」を意味する言葉。in the
heart of ～ で「～の中心に」を表します。startled は「びっくり
した」、flag pole は「旗竿」。

▶ **音読ポイント**
Buckingham は日本語では「バッキンガム」と発音しますが、英
語では「バッキン(グ)ハァム」のように発音します。

Useful Tidbits
イギリスの国旗は、**the
Union Jack（ユニオンジ
ャック）** と呼ばれます。こ
の国旗は、イングランド、ス
コットランド、北アイルラ
ンドの国旗のマークが組み
合わさってできたもの。ウ
ェールズが含まれていない
理由は、**国旗が定められた
ときにウェールズがすでに
イングランドの一部になっ
ていた**ためです。

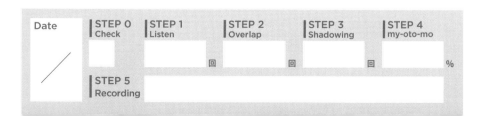

Date	STEP 0 Check	STEP 1 Listen	STEP 2 Overlap	STEP 3 Shadowing	STEP 4 my-oto-mo
/					%
	STEP 5 Recording				

DAY 125-126
5日間のおさらい

下記のDAYの音読を再度行いましょう。
それぞれ自分の音読をmy-oto-moで判定してベストスコアを
書き込みましょう。また、再度録音してみて、その気づきを
Recording欄に書き込んでおくと今後の参考になります。

DAY 120 🎧086
Date　　　my-oto-mo　Recording

%

DAY 121 🎧087
Date　　　my-oto-mo　Recording

%

DAY 122 🎧088
Date　　　my-oto-mo　Recording

%

DAY 123 🎧089
Date　　　my-oto-mo　Recording

%

DAY 124 🎧090
Date　　　my-oto-mo　Recording

%

DAY 127

🎧091
カードで支払い

A: That'll be 40 dollars. How would you like to pay? 🎤

B: I'll pay by credit card. 🎤

A: All right. Please touch your card here. 🎤

▼
A：40ドルになります。お支払いはどうなさいますか？
B：クレジットカードで支払います。
A：かしこまりました。カードをこちらにタッチしてください。

▶ **解説**

How would you like to pay？（お支払いはどうなさいますか？）と支払い方法を尋ねられたら、クレジットカード支払いの場合は**I'll pay by credit card.** と答えましょう。現金の場合は**I'll pay in cash.**（現金で支払います）となります。

▶ **音読ポイント**

That'll be は「**ダッルビィ**」と読みましょう。'll の部分は、**舌を上の歯の裏につけて弱く発音**します。また、credit card は「クレジットカード」ではなく「**クレディッ（トゥ）カー（ドゥ）**」と発音するイメージです。

Useful Tidbits

海外は**キャッシュレス化**が進んでいます。**2021年の時点では韓国、中国、オーストラリアが、キャッシュレス決済が普及している国トップ3にランクイン。**韓国はなんと、90パーセント超えの決済比率でした。一方で、日本は約30パーセントでした。（参考：キャッシュレス・ロードマップ2023）

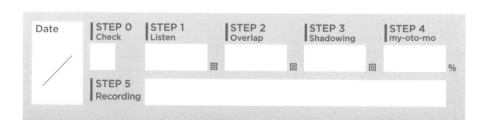

Date	STEP 0 Check	STEP 1 Listen	STEP 2 Overlap	STEP 3 Shadowing	STEP 4 my-oto-mo
/	STEP 5 Recording				%

DAY 128

🎧092 リマインド

Today's Lines ▶ Business Conversations [ビジネス英会話]

As I mentioned in the email, the building's parking lot will be under construction. So I recommend you all use an alternative one.

▼
メールでお伝えしたように、ビルの駐車場は工事される予定です。なので、代わりの駐車場を使うことをおすすめします。

▶ 解説

駐車場の工事について知らせている場面。**As I mentioned in the email**（メールでお伝えしたように）はすでにメールで述べた**事柄**について、もう一度話を切り出すときに使える表現です。メールに限らず、**As I mentioned before/earlier**（以前／先ほどお伝えしたように）などのように使うこともできます。parking lot は「駐車場」、alternative は「代わりの」。

▶ 音読ポイント

recommend you all は「ゥレコメンジューオーゥ」と、3つの単語をつなげて発音します。何度も発音して練習しましょう。

Useful Tidbits

under construction（工事中）の under は、「〜の下に」と位置を表しているのではなく「〜中の」という意味です。関連表現に、**under renovation**（改装中）や**under discussion**（議論中）などがあります。

Date	STEP 0 Check	STEP 1 Listen	STEP 2 Overlap	STEP 3 Shadowing	STEP 4 my-oto-mo
/					%

STEP 5 Recording	

DAY 129

🎧093
アリストテレスの言葉

"Anyone can become angry—that is easy. But to be angry with the right person, to the right degree, at the right time, for the right purpose, and in the right way—this is not easy."

—Aristotle

▼
「怒ることは誰にでもできる。それは簡単なことだ。しかし、正しい人に、正しい程度に、正しい時に、正しい目的で、正しい方法で怒ること、これは簡単ではない」
—アリストテレス

▶ 解説

right は「正しい」という意味の形容詞。right person（正しい人）、right degree（正しい程度）、right time（正しい時）のように、名詞の前に置いて使います。ビジネスシーンでよく使われる表現、right person for the job（その仕事に適任の人）もあわせて覚えておきましょう。purpose は「目的」、way は「方法」。

▶ 音読ポイント

angry の a の発音は、**カタカナの「ア」と「エ」の中間のような音**。「エ」の音を発音するときと同様に、口を左右に引っ張ります。そしてその口の形のまま「ア」の音を発音するイメージです。

Useful Tidbits

アリストテレスは古代ギリシャの哲学者。ギリシャ語では「哲学」を「**フィロソフィア**」と言います。この言葉は「**〜を愛する**」と「**知**」という意味の語からできています。これは、アリストテレスが人間の本性は「**知を愛する**」ことにあると考えたことが由来です。

Date	STEP 0 Check	STEP 1 Listen	STEP 2 Overlap	STEP 3 Shadowing	STEP 4 my-oto-mo
/	STEP 5 Recording				%

DAY 130

🎧094
代替肉

Today's Lines ▶ General Interest Topics ［一般的な関心事］

Meat alternatives are foods made from plant-based ingredients, such as soy beans. Many people, including vegans, vegetarians, and those with certain religious beliefs, consume these meat alternatives.

▼
代替肉とは、大豆などの植物由来の材料から作られた食品です。ヴィーガンやベジタリアン、また特定の宗教的信条を持つ人を含む多くの人々が、こうした代替肉を食べています。

▶ **解説**

meat alternatives（代替肉）とは、植物を原料とした食感や味を肉に近づけた食品を指します。別名、fake meat（フェイクミート）とも呼ばれることもあります。*be* **made from** 〜は「〜から作られた」という意味で、from の後ろには原材料が続きます。plant-based は「植物由来の」、ingredient は「材料」、religious は「宗教の」。

▶ **音読ポイント**

alternatives は「ォルタァニティヴス」と読みます。naを「ニ」のように発音する点に注意です。また、ingredients は「イングリィディエンツ」の「リィ」にアクセントを置いて発音します。

Useful Tidbits

菜食主義と一口に言っても、種類はいくつかあります。ベジタリアンは、肉や魚を食べない人のこと。一方でヴィーガンは、肉と魚に加えて卵・乳製品・はちみつも摂取しない人のことを指します。

Date	STEP 0 Check	STEP 1 Listen	STEP 2 Overlap	STEP 3 Shadowing	STEP 4 my-oto-mo
/					%
	STEP 5 Recording				

DAY 131 | 🎧095 モモの物語 19

Today's Lines ▶ Stories［物語］

Momo's heart raced.
"Wow, I've become a member of the British Royal Family!"
Momo listened to the British national anthem played by the Guards Band and elegantly lay down on the grass in the garden.

▼
モモの胸は高鳴りました。
「すごい、私、イギリス王室の一員になったんだ！」
モモは近衛軍楽隊が演奏するイギリス国歌の音色に耳を澄ませ、優雅に庭の芝生の上に寝ころびました。

▶ **解説**
a member of 〜は「〜の一員」という意味の表現。become a member of 〜で「〜の一員になる」と伝えることができます。モモは不思議な虹色の卵の力によって、イギリス王室の一員になったのですね。ここでのrace は「（心臓が）どきどきする」という意味の動詞。national anthem は「国歌」、elegantly は「優雅に」。

▶ **音読ポイント**
royal（王室の）の発音は、ずばり「ゥロイヤゥ」。日本語と同じく「ロイヤル」と発音すると、スペルが一文字違いのloyal（忠実な）に聞こえてしまいます。発音の違いを意識して音読しましょう。

Useful Tidbits
日本の国歌『君が代』はわずか32文字で構成され、世界でもっとも歌詞が短い国歌として知られています。

Date	STEP 0 Check	STEP 1 Listen	STEP 2 Overlap	STEP 3 Shadowing	STEP 4 my-oto-mo
/					%
	STEP 5 Recording				

DAY 132 -133
5日間のおさらい

下記のDAYの音読を再度行いましょう。
それぞれ自分の音読をmy-oto-moで判定してベストスコアを
書き込みましょう。また、再度録音してみて、その気づきを
Recording欄に書き込んでおくと今後の参考になります。

DAY 127　🎧091

Date　　my-oto-mo　Recording

%

DAY 128　🎧092

Date　　my-oto-mo　Recording

%

DAY 129　🎧093

Date　　my-oto-mo　Recording

%

DAY 130　🎧094

Date　　my-oto-mo　Recording

%

DAY 131　🎧095

Date　　my-oto-mo　Recording

%

DAY 134 | 🎧096 アイデアが浮かばないとき

A: I can't think of any good advertising slogans for the new jewelry product.🎤

B: Let's discuss it over lunch. I know a good place around here.🎤

A: Good! Thanks.🎤

▼

A：新しいジュエリー製品のいいキャッチコピーが思いつかないの。

B：ランチでもしながら話し合おうよ。この辺にいい店があるから。

A：いいね！　ありがとう。

▶ 解説

アイデアが思いつかないときは、I can't think of 〜. という表現を使って伝えます。別の言い方として、I can't come up with 〜.（〜が思い浮かびません）を使ってもOKです。advertising slogans は「（製品などの）キャッチコピー」、jewelry は「宝石類」。

▶ 音読ポイント

発音が難しい英単語jewelryは、「ヂューウリィ」のように読みます。「ヂューウ」と声に出し、音を伸ばしながら舌をやや奥にひきます。そしてその舌を前歯の裏に軽く触れさせ、「リィ」と発音します。

Useful Tidbits

over lunch「ランチしながら、お昼を食べながら」のように、over は「〜しながら」という意味を表すことも。over a cup of coffee（コーヒーを飲みながら）、over drinks（お酒を飲みながら）などの関連表現もあわせて覚えておきましょう。

Date	STEP 0 Check	STEP 1 Listen	STEP 2 Overlap	STEP 3 Shadowing	STEP 4 my-oto-mo
/					%
	STEP 5 Recording				

DAY 135

🎧097
ミドリムシパワー

Today's Lines ▶ General Interest Topics [一般的な関心事]

Euglena is a kind of microalgae. It contains many nutrients, such as vitamins and minerals, so powdered euglena is often used as an ingredient in foods.

▼
ミドリムシは微細藻類の一種。ビタミンやミネラルなどの多くの栄養素を含んでいるため、食品の原料としてよくミドリムシパウダーが使われています。

▶ 解説

be used as 〜は「〜として使われている」という用途を表す表現。栄養豊富なミドリムシが食品の一部となって使われているという例が挙げられています。ほかにも This room is used as a dining space.（この部屋はダイニングスペースとして使われています）のように表すこともできます。microalgae は「微細藻類」。

▶ 音読ポイント

vitamin は日本語では「ビタミン」と言いますが、アメリカ英語では「ヴァイタミン」と発音されます。ちなみにイギリス英語では日本の発音とより近く、「ヴィタミン」と発音しますが、アクセントは vi「ヴィ」の部分です（日本はta「タ」の部分にアクセント）。

Useful Tidbits

ユーグレナは、和名ではミドリムシ。ミドリムシには人間が生きていくのに必要な59種類もの栄養素が含まれているということがわかっています。健康面や美容面など、さまざまな面で効果が期待でき、近年世界中で注目されています。

Date	STEP 0 Check	STEP 1 Listen	STEP 2 Overlap	STEP 3 Shadowing	STEP 4 my-oto-mo
/			回	回	回 ____%
	STEP 5 Recording				

DAY 136

🎧098
その電話が欲しい

Today's Lines ▶ Tongue Twisters［早口言葉］

Four furious friends fought for the phone.

▼
4人の怒り狂った友達が、電話のために争った。

▶ **解説**

日本人が苦手なfの発音が入った早口言葉。fight for 〜は「〜のために争う、〜のために戦う」を意味する表現。4人は電話欲しさに争ったのですね。

▶ **音読ポイント**

fの発音のポイントはずばり、下唇に前歯をあてて息を吐き出す勢いで音を出すこと。喉を鳴らさず、息だけで発音するイメージです。発音の仕方を意識して、Four「フォーゥ」、furious「フューリアス」…とリズムよく読んでいきましょう。

Useful Tidbits

「怒った」を意味する形容詞でおなじみなのがangry。**furious は angry に比べて、より怒りの感情が強く、「怒り狂った、激怒した」**という意味を表します。My mother got furious at my brother.（私の母は兄［弟］に激怒しました）のように使います。

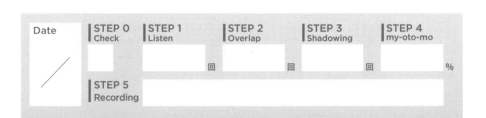

Date	STEP 0 Check	STEP 1 Listen	STEP 2 Overlap	STEP 3 Shadowing	STEP 4 my-oto-mo
/					%
	STEP 5 Recording				

DAY 137

🎧099
旅行の感想

Today's Lines ▶ Daily Conversations ［日常英会話］

A: **How was your trip? You went to Portugal, right?**🎤

B: **Yes! It was amazing. I visited Cabo da Roca.**🎤

▼
A：旅行はどうだった？　ポルトガルに行ったんだよね？
B：そうなの！　素晴らしかったわ。ロカ岬を訪れたの。

▶ **解説**
How was[were] 〜? は「〜はどうでしたか？」と、相手に感想を尋ねる表現。How was your trip? で「旅行はどうでしたか？」を意味します。was[were]のあとにさまざまな単語を続けて、How was the movie?（映画はどうでしたか？）、How was your flight?（フライトはどうでしたか？）などと尋ねることができます。

▶ **音読ポイント**
Cabo da Roca はポルトガルの言葉。Roca は「ロカ」ではなく「**ホカ**」と発音されます。

Useful Tidbits
ポルトガルの首都リスボン近郊には、Cabo da Roca（ロカ岬）という観光スポットがあります。ロカ岬はリスボン郊外に位置し、**ユーラシア大陸最西端の岬**です。ポルトガルの有名な詩人カモンイスが、その地で『**ここに陸終わり海始まる**』と詠んだことが知られています。

Date	STEP 0 Check	STEP 1 Listen	STEP 2 Overlap	STEP 3 Shadowing	STEP 4 my-oto-mo
/			回	回	回	%
	STEP 5 Recording				

DAY 138

🎧100 モモの物語 20

Today's Lines Stories［物語］

It had been a week since Momo started living in the royal palace. Today was the much anticipated banquet.🎤 Royalty from various countries had been invited, and a luxurious meal was going to be served.🎤

▼
こうしてモモが王室に暮らし始めて1週間。今日は待ちに待った晩餐会の日でした。各国の王族が招かれ、豪華な食事が振る舞われます。

▶ **解説**
〈It had been＋期間＋since SV …〉は「SがVしてから（期間）がたちました」という表現。had beenの後ろにはa week（1週間）やa month（1カ月）などの期間を表す語句を続けます。anticipatedは「期待された」、royaltyは「王族」。

▶ **音読ポイント**
banquetは日本語で「バンケット」と言うことがありますが、英語では「バンクィッ（トゥ）」と発音します。「バ」の部分にアクセントを置きましょう。

Useful Tidbits

「晩餐会」を英語で表すとbanquet。一方で「**昼食会**」はluncheonで表現することができます。カジュアルな「**飲み会、集まり**」と言いたいときは、**get-together**を使うことが一般的です。

Date	STEP 0 Check	STEP 1 Listen	STEP 2 Overlap	STEP 3 Shadowing	STEP 4 my-oto-mo
/					%
	STEP 5 Recording				

DAY 139-140
5日間のおさらい

下記のDAYの音読を再度行いましょう。
それぞれ自分の音読をmy-oto-moで判定してベストスコアを
書き込みましょう。また、再度録音してみて、その気づきを
Recording欄に書き込んでおくと今後の参考になります。

DAY 134 🎧 096

Date   my-oto-mo   Recording

/   %

DAY 135 🎧 097

Date   my-oto-mo   Recording

/   %

DAY 136 🎧 098

Date   my-oto-mo   Recording

/   %

DAY 137 🎧 099

Date   my-oto-mo   Recording

/   %

DAY 138 🎧 100

Date   my-oto-mo   Recording

/   %

DAY 141 | 🎧101 ワクワクする早口言葉

Today's Lines ▶ Tongue Twisters [早口言葉]

These thousand tricky tongue twisters trip thrillingly off the tongue.

▼
これらの1000の巧妙な早口言葉は、ワクワクするほど言いやすい。

▶ 解説
tとthで始まる単語で構成された早口言葉。**trip off the tongue** は「言いやすい、語呂がいい」という意味です。副詞のthrillingly（スリルを感じさせるほど、ワクワクするほど）が、「どれほど言いやすいのか」を表しています。trickyは「巧妙な」。

▶ 音読ポイント
tongueは「タン（グ）」と読みます。日本語の「グ」ほど強く読まず、「タン」と発音しながら、舌で音を止めるのがポイントです。

Useful Tidbits
tongue（舌）という単語を使った表現に、**It's on the tip of my tongue.** があります。これは「舌先の上にある」という直訳ではなく、「ここまで出かかっているのに（思い出せそうで思い出せない）」という意味。さらに、bite *one's* tongueは「舌をかむ」以外にも、「言いたいことを我慢する」という意味があります。

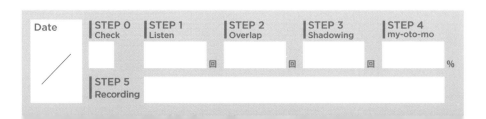

Date	STEP 0 Check	STEP 1 Listen	STEP 2 Overlap	STEP 3 Shadowing	STEP 4 my-oto-mo
/					%

STEP 5 Recording	

DAY 142

🎧102
本屋で探し物

Today's Lines ▷ Daily Conversations ［日常英会話］

A: Excuse me. I'm looking for the novel *The Puzzle of the Whispers* by Minami Tsunoda. 🎤

B: I'll check that for you. Could you spell the author's name? 🎤

▼
A：すみません。ツノダ ミナミさんの小説『ささやきの謎』を探しているのですが。
B：お探しいたします。著者の名前のつづりを教えていただけますか？

▶ **解説**

I'm looking for 〜. は「〜を探しています」という意味の表現です。forの後ろに探している物を続けましょう。また、名前や単語のつづりがわからないときに聞く、Could you spell 〜?（〜をつづってくれますか？）という表現もポイント。これを言えば、相手は1文字ずつアルファベットで伝えてくれます。電話口でも使える表現ですね。novel は「小説」、author は「著者」。

▶ **音読ポイント**

puzzle は、zz の部分で舌を上の歯の裏にあてながら「パゾゥ」と発音します。

Useful Tidbits

本や資料などを並べる「順番」に関連した表現に、in 〜 order（〜順に）があります。in alphabetical order（in ABC order とも言う）は「アルファベット順に」、in numerical order は「番号順に」という意味を表します。

Date	STEP 0 Check	STEP 1 Listen	STEP 2 Overlap	STEP 3 Shadowing	STEP 4 my-oto-mo
/			回	回	回 ... %
	STEP 5 Recording				

DAY 143

🎧103 ビッグバン理論

Today's Lines ▶ General Interest Topics［一般的な関心事］

The Big Bang theory is the leading explanation for the origin of the universe. It proposes that the universe began as a single point and then expanded to its current size.

▼
ビッグバン理論とは、宇宙の起源を説明する代表的な説のことです。これは、宇宙は1つの点から始まり、現在の大きさまで膨張したということを提唱しています。

▶ 解説
ビッグバン理論とは、宇宙は超高温・超高密度の状態から始まり、その火の玉が大きく膨張することによって恒星や銀河を作り、現在に至ったという理論のこと。leading は「主な、主要な」という意味を持ち、ここではビッグバン理論が宇宙の起源を示す理論の中で一番有力な説であることを示しています。leading を使った表現には、leading company（主要［トップ］企業）などがあります。

▶ 音読ポイント
theory は日本語では「セオリー」と言いますが、英語では「**シィイリィ**」という発音になります。th で舌を上下の歯で挟みながら、r で舌を巻いて発音しましょう。

Useful Tidbits
この理論は1940年代にジョージ・ガモフによって提唱されました。しかし、「ビッグバン理論」という名前を付けたのは、この説に反対していた宇宙物理学者フレッド・ホイル。bang には「ドカン」といった「衝撃を表す大きな音」という意味があり、big bang「（宇宙が）ドカンと大爆発した」という名前は、この理論をバカにしたニュアンスがこめられていたんだとか。

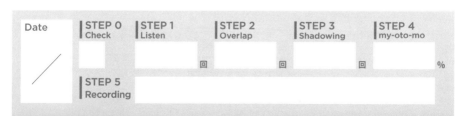

Date	STEP 0 Check	STEP 1 Listen	STEP 2 Overlap	STEP 3 Shadowing	STEP 4 my-oto-mo
/					%

STEP 5 Recording	

DAY 144

🎧104
機械が動かないとき

A: My computer isn't working. I was working on some files that I have to submit today. 🎙

B: Have you tried restarting it? 🎙

A: I did, but it's not responding at all. 🎙

▼
A：私のコンピューターが動きません。今日提出しな
ければいけないファイルに取り組んでいたところ
だったんです。
B：再起動してみましたか？
A：しました、けれどまったく反応しません。

▶ 解説

work は「働く」という意味だけでなく、「(機械、設備などが) 作動する、機能する」という意味も表します。S isn't working.（S が動きません）という表現を覚えておきましょう。ちなみに、work on 〜は「〜に取り組む」を意味します。submit は「〜を提出する」、respond は「反応する」。

▶ 音読ポイント

I did「アイ ディー（ドゥ）」の did「ディー（ドゥ）」を強調して読むことで、「確かにしました（＝再起動しました）」という主張のニュアンスを出すことができます。

Useful Tidbits

restart（〜を再起動する）以外にも、コンピューターの動作に関する英語を覚えておきましょう。start / boot は「〜を起動する」、turn off 〜やshut down 〜は「〜の電源を切る」という意味です。

Date	STEP 0 Check	STEP 1 Listen	STEP 2 Overlap	STEP 3 Shadowing	STEP 4 my-oto-mo
/		回	回	回	%
	STEP 5 Recording				

DAY 145

🎧105
モモの物語 21

Momo was looking forward to this day very much. In the dining room of the palace, the royal family's exclusive chef was preparing food.

▼
モモはこの日をとても楽しみにしていました。宮殿の食事会場
では、王室専属シェフが料理を準備していました。

▶ 解説

be looking forward to ～は「～を楽しみにしている」という意
味。to のあとには名詞か動名詞を続けます。本文では「とても楽し
みにしていた」というニュアンスを伝えるために、語尾に very much
（とても）という表現が加えられています。exclusive は「専属的
な」。

▶ 音読ポイント

forward は「フォーゥワー（ドゥ）」と、少し伸ばして発音するイメ
ージです。口をあまり大きく開けず、すぼめた形で発音してみまし
ょう。

Useful Tidbits

かつてエリザベス女王の専
属シェフを務めたダレン・
マグレディ氏は、**エリザベ
ス女王の大好物がPotted
Shrimp**（ポッテッド・シ
ュリンプ。ナツメグで風味
をつけ、バター焼きにした
小エビの料理）であったと
いうことを著書『Eating
Royally: Recipes and
Remembrances from a
Palace Kitchen』で明か
しています。

Date	STEP 0 Check	STEP 1 Listen	STEP 2 Overlap	STEP 3 Shadowing	STEP 4 my-oto-mo
/			◻	◻	◻ %
	STEP 5 Recording				

DAY 146 -147
5日間のおさらい

下記のDAYの音読を再度行いましょう。
それぞれ自分の音読をmy-oto-moで判定してベストスコアを
書き込みましょう。また、再度録音してみて、その気づきを
Recording欄に書き込んでおくと今後の参考になります。

DAY 141   🎧 101
Date   my-oto-mo   Recording

/   %

DAY 142   🎧 102
Date   my-oto-mo   Recording

/   %

DAY 143   🎧 103
Date   my-oto-mo   Recording

/   %

DAY 144   🎧 104
Date   my-oto-mo   Recording

/   %

DAY 145   🎧 105
Date   my-oto-mo   Recording

/   %

DAY 148

🎧106 入国審査

A: So, what's the purpose of your visit? 🎤

B: I'm here for sightseeing. 🎤

A: How long will you be staying? 🎤

B: For one week. 🎤

▼
A：滞在目的は何ですか？
B：観光です。
A：どのくらいの期間滞在予定ですか？
B：1週間です。

▶ **解説**

海外旅行で欠かせないのが、空港での入国審査。パスポートを手渡し、本人確認を終えたら、入国審査官からの質問タイムです。滞在目的を聞かれたら、I'm here for sightseeing.（観光のために来ています）のように答えればOK。出張の場合は、I'm here for business.（仕事です）のように答えます。purpose は「目的」。

▶ **音読ポイント**

sightseeing は「サイッスィーィン（グ）」のように読みます。sight のgh は発音しないように注意しましょう。

Useful Tidbits

滞在国や入国審査官によって、入国審査の質問はさまざま。滞在目的や期間だけでなく、Is this your first time coming to America?（アメリカに来るのははじめてですか？）と滞在経験を聞かれたり、Where are you staying?（どこに宿泊予定ですか？）と聞かれることも。不安な場合はいくつか質問を想定して、答える練習をしておきましょう。

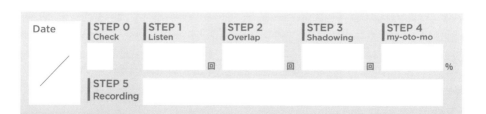

Date	STEP 0 Check	STEP 1 Listen	STEP 2 Overlap	STEP 3 Shadowing	STEP 4 my-oto-mo
/			回	回	回 %
	STEP 5 Recording				

DAY 149

🎧107
何事もすぐ行動すべし

Never put off till tomorrow what you can do today.

▼
今日できることを明日に延ばすな

▶ 解説

「今日できることは今日すぐにやるべきだ」という意味を持つ、英語の有名なことわざです。**put off ～**は「**～を先延ばしにする**」という意味。「（試合・会議など）を延期する」という意味もあり、We should put off our meeting till tomorrow.（会議を明日に延期すべきです）といった使い方もできます。

▶ 音読ポイント

put offは「プット オフ」ではなく、「**プッロ（フ）**」と発音するイメージ。「フ」の音はかすかに発音する程度でOKです。

Useful Tidbits

put off ～のputは「～を置く」という意味の動詞。そしてoffは「どこか遠くへ、離れて」というニュアンスを持つ副詞です。組み合わせると「どこか遠くに置いておく」、つまり「先延ばしにする」という意味に。動詞や副詞のニュアンスを知っておくと、表現の意味を思い出しやすくなりますよ。

Date	STEP 0 Check	STEP 1 Listen	STEP 2 Overlap	STEP 3 Shadowing	STEP 4 my-oto-mo
/			回	回	回 %
	STEP 5 Recording				

DAY 150

🎧108
性はグラデーション

Today's Lines ▶ General Interest Topics ［一般的な関心事］

Recently, the way we understand sexuality has been changing. 🎤 It is shifting from a clear binary of "male" and "female" to a concept of "gradation," recognizing a spectrum of identities. 🎤

▼
近年、「性」の捉え方は変わってきています。「男性」「女性」という明確な二元論から、多様なアイデンティティを認める「グラデーション」の概念へと変わりつつあるのです。

▶ **解説**

the way SV は「S が V する方法」という意味の表現。the way we understand sexuality で「私たちが『性』を認識する方法」という意味になります。the way I learn English（私の英語学習法）、the way she behaves（彼女の振る舞い方）のような表現で使うことも。binary は「2 つの要素」。

▶ **音読ポイント**

female の発音は、ずばり「フィーメイゥ」。「フ」を発音するときは前歯を下唇にあて、fe「フィー」の部分にアクセントを置いて読みましょう。

Useful Tidbits

近年、「性のあり方は生物的な性（身体の性）だけでは決まらない」という考えが世の中に浸透してきました。gender identity（性自認。自分は男性なのか女性なのかという認識）や sexual orientation（性的指向）、gender expression（性表現［仕草や言葉遣いなどの性］）などのさまざまな側面があり、1 つ 1 つの性の要素に濃淡があると考えられています。

Date	STEP 0 Check	STEP 1 Listen	STEP 2 Overlap	STEP 3 Shadowing	STEP 4 my-oto-mo
/		回	回	回	%
	STEP 5 Recording				

DAY 151

🎧109 見積もりを取る

Today's Lines **Today's Lines** ▶ Business Conversations［ビジネス英会話］

Could you provide me with an estimate for the project, please? I'm looking for an idea of the cost before moving forward.

▼
プロジェクトの見積もりをいただけませんか？　進める前に、大まかな費用のイメージをつかみたいです。

▶ 解説

商品やサービスに対して見積もりを取るときは、**Could you provide me with an estimate for ～?**（～の見積もりをいただけませんか?）という表現が重宝します。**provide A with B** で「AにBを提供する」を意味します。**look for ～** は「～を探す」、**forward** は「前へ、先へ」。

▶ 音読ポイント

Could you ～? から始まる文は疑問文なので、**please** は上がり調子で読みましょう。丁寧にお願いする状況を思い浮かべながら音読することもポイント。

Useful Tidbits

「見積もり」を意味する単語には estimate と quotation があります。この違いは、その金額の正確さ。estimate は「概算、変わる可能性がある見積もり」という意味を表すのに対し、quotation は「正式な金額、正式な見積もり」というニュアンスを持ちます。

Date	STEP 0 Check	STEP 1 Listen	STEP 2 Overlap	STEP 3 Shadowing	STEP 4 my-oto-mo
/					%
	STEP 5 Recording				

DAY 152 | 🎧110 モモの物語 22

Today's Lines 〉 Stories [物語]

Lobster, roast lamb, meuniere, wine, and various other dishes and drinks were arranged on the table, and they all smelled really good.

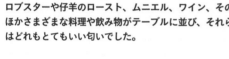

▼
ロブスターや仔羊のロースト、ムニエル、ワイン、その
ほかさまざまな料理や飲み物がテーブルに並び、それら
はどれもとてもいい匂いでした。

▶ 解説

「いい匂いがする」と言うときは、*A* smell[s] good の表現が使え
ます。さらに「とてもいい匂いがする」と言うときは、really（と
ても、本当に）を使って、本文のように really good と表現すれば
OKです。various は「さまざまな」、arrange は「〜をきちんと並
べる」。

▶ 音読ポイント

lamb のbは発音しません。「ランブ」ではなく「**ラム**」と読みます。
また r ではなく l から始まる単語なので、舌を巻かずはっきりと「ラ」
と発音すればOKです。

Useful Tidbits

ワインはイギリスでも飲ま
れますが、世界各国の1人
あたりの消費量を比較する
と、フランスとポルトガル
が圧倒的。特にフランスは、
**ボルドー、ブルゴーニュ、シ
ャンパーニュ**と、有名なワ
インの生産地域がたくさん
あります。

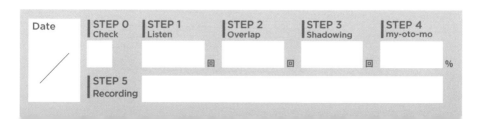

Date	STEP 0 Check	STEP 1 Listen	STEP 2 Overlap	STEP 3 Shadowing	STEP 4 my-oto-mo
/		⊡	⊡	⊡	%
	STEP 5 Recording				

DAY 153 -154
5日間のおさらい

下記のDAYの音読を再度行いましょう。
それぞれ自分の音読をmy-oto-moで判定してベストスコアを
書き込みましょう。また、再度録音してみて、その気づきを
Recording欄に書き込んでおくと今後の参考になります。

DAY 148 🎧 106

Date   my-oto-mo   Recording

/

%

DAY 149 🎧 107

Date   my-oto-mo   Recording

/

%

DAY 150 🎧 108

Date   my-oto-mo   Recording

/

%

DAY 151 🎧 109

Date   my-oto-mo   Recording

/

%

DAY 152 🎧 110

Date   my-oto-mo   Recording

/

%

DAY 155

🎧111
外出するとき

A: Do you have time today? There are some tasks that need to be done before we go home. 🎤

B: I'll leave the office at 12 o'clock, but I'll be back at 3 o'clock. 🎤

▼
A：今日、お時間ありますか？　帰る前にやらなければならない仕事がいくつかあるんです。
B：私は12時にオフィスを出る予定ですが、3時に戻ってきます。

▶ **解説**

今日は、オフィスを出る時間と戻ってくる時間を表す表現を学習します。外出の時間を伝えるときはleave（〜を去る）を使ってleave the office at 〜（〜時にオフィスを出る）、戻る時間を伝えるときは*be* back at 〜（〜時に戻る）で表します。

▶ **音読ポイント**

need to be は「ニード トゥ ビー」ではなく、dとtoの音をつなげて「ニィーットゥビィ」と読みます。

Useful Tidbits

leave the office（オフィスを出る）と似た表現に、leave officeがあります。驚いたことに、theを入れずに表現すると、「（公職を）辞任する」という意味を表します。theの有無で大きく意味が変わるので、使い分けに注意しましょう。

Date	STEP 0 Check	STEP 1 Listen	STEP 2 Overlap	STEP 3 Shadowing	STEP 4 my-oto-mo
/		回	回	回	%
	STEP 5 Recording				

DAY 156

🎧112
小事を軽んずるなかれ

Today's Lines ▶ Proverbs［ことわざ］

Take care of the pence and the pounds will take care of themselves.

▼
小銭を大切にすれば大金はおのずから集まる

▶ 解説

小さな出費や節約は積み重なり、将来的に大きな差を生むということを示唆することわざ。take care of 〜は、「〜の世話をする、〜を大切にする」という意味を表します。pence（ペンス＝小銭）を大切にすればpound（ポンド＝大金）は自分の面倒を見る、すなわち自然に集まるというニュアンスです。

▶ 音読ポイント

poundsは「パウンズ」と発音し、pou「パウ」の部分を強調して読みます。日本語の「ポンド」に引きずられた発音にならないように注意が必要です。

Useful Tidbits

pound と penny（pence はpennyの複数形）は、イギリスの通貨単位です。1 poundは100 penceに換算されます。また、**イギリス通貨のマークはポンドが "£"、ペニーは "p" で表します。**

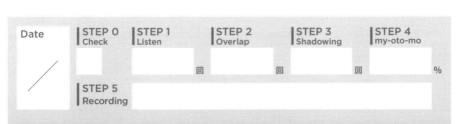

Date	STEP 0 Check	STEP 1 Listen	STEP 2 Overlap	STEP 3 Shadowing	STEP 4 my-oto-mo
/					%
	STEP 5 Recording				

DAY 157

🎧113
英語は難しい

Today's Lines ⟩ Tongue Twisters［早口言葉］

English is tough. It can be understood through tough thorough thought, though.

▼
英語は難しい。けれども、粘り強く徹底的な思考によって理解することはできる。

▶ **解説**

似たスペルの単語が並ぶ早口言葉。understood through 〜（〜によって理解される）に続く tough thorough thought（粘り強く徹底的な思考）が、何によって理解できるかの手段を表しています。though は「〜だけれども」を意味する逆接の言葉。

▶ **音読ポイント**

through「スルー」のghは発音しません。一方で、tough「タフ」のghはf「フ」の音になります。注意して発音しましょう。

Useful Tidbits

世界で母語話者が多い言語のランキングは2022年の時点で1位が中国語、2位がスペイン語、3位が英語でした。ただし、**母語話者・第二言語話者・言語習得者を含めた数の1位は英語**で、2位に中国語、3位にヒンディー語が続きます。

Date	STEP 0 Check	STEP 1 Listen	STEP 2 Overlap	STEP 3 Shadowing	STEP 4 my-oto-mo
/					%
	STEP 5 Recording				

DAY 158

🎧114 ホテルにチェックイン

A: Hi, I'd like to check in. I reserved a room under the name of Ken Uchida.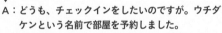

B: Certainly. May I have your ID card and credit card for a deposit?

▼
A：どうも、チェックインをしたいのですが。ウチダ
ケンという名前で部屋を予約しました。
B：かしこまりました。身分証明書と、デポジット用
にクレジットカードをいただいてもよろしいでし
ょうか？

▶ **解説**

ホテルでチェックインする場面。「チェックインをする」は英語でも同じく check in、「チェックアウトをする」も同じく check out と言います。I reserved a room under the name of ～.（～の名前で部屋を予約しました）という表現を使うことで、予約済みであることに加え、名前の情報を一緒に伝えることができます。

▶ **音読ポイント**

I reserved a room ～の文では、名前の部分を一番強調して読むことがポイント。実際のチェックインの場面を想定して、**Ken Uchida**の部分を自分の名前に変えて練習してみましょう。

Useful Tidbits

デポジットは「保証金」「預かり金」のこと。**ホテル滞在中に宿泊代以外で費用が発生した場合の支払いを保証するためのお金のことで**す。海外でのホテルではデポジットが必要なことが多く、チェックイン時にデポジットの支払い用にクレジットカードが求められることがあります。

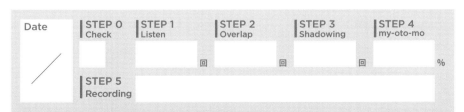

DAY 159

🎧115
モモの物語 23

Today's Lines ▶ Stories［物語］

Without a doubt, it was the best dinner ever.
"I've never had such a tasty meal in my life!"🎤
This was when Momo's long-held dream of having a luxurious meal came true.🎤

▼
まぎれもなく、それはこれまでで最高の夕食でした。
「人生で、こんなおいしいご飯食べたことない！」
それは、豪華な食事にありつくというモモの長年の夢がかなっ
た瞬間でした。

▶ 解説
経験したことがないことについて話すときは、I've never *done* ～. （一度も～したことがありません）という表現を使います。never は「一度も～ない」を意味する副詞です。また、the best *A* ever の形で「これまでで最高の A」という表現になります。without a doubt は「疑いもなく、まぎれもなく」、long-held は「長年抱いてきた」。

▶ 音読ポイント
such a は「サッチャ」と発音するイメージ。単語同士のつながりを意識して発音しましょう。

Useful Tidbits

「おいしい」を意味する形容詞は tasty のほかにも、yummy、delicious、good などがあります。ただし yummy は子どもが使うことが多く、やや幼い印象を与えます。そのため、大人が使う場合は yummy ではない言葉を使うほうが無難です。

Date	STEP 0 Check	STEP 1 Listen	STEP 2 Overlap	STEP 3 Shadowing	STEP 4 my-oto-mo
/		回	回	回	%
	STEP 5 Recording				

DAY 160-161
5日間のおさらい

下記のDAYの音読を再度行いましょう。
それぞれ自分の音読をmy-oto-moで判定してベストスコアを
書き込みましょう。また、再度録音してみて、その気づきを
Recording欄に書き込んでおくと今後の参考になります。

DAY 155 🎧 111

Date　　　　my-oto-mo　Recording

%

DAY 156 🎧 112

Date　　　　my-oto-mo　Recording

%

DAY 157 🎧 113

Date　　　　my-oto-mo　Recording

%

DAY 158 🎧 114

Date　　　　my-oto-mo　Recording

%

DAY 159 🎧 115

Date　　　　my-oto-mo　Recording

%

DAY 162

🎧116 音声チェック

Today's Lines ▶ Business Conversations［ビジネス英会話］

A: Hi! Can you hear me clearly? 🎤

B: I'm sorry, I can't hear you very well. Could you turn up your mic volume? ②

A: Oh, sorry about that. Let me adjust it. 🎤

▼
A：お疲れ様です！ 私の声、よく聞こえますか？
B：すみません、あまりよく聞こえません。マイクの
　 音量を上げていただけますか？
A：おっと、失礼いたしました。調整させてください。

▶ **解説**

コロナ禍を経て主流になったオンライン会議。会議の始めにはお互いの声が聞こえているか、音の確認をすることが必須です。「私の声、よく聞こえますか？」と聞くときには、Can you hear me clearly？という表現を使いましょう。複数人での会議の場合は、Can everybody hear me clearly？（皆さん、私の声はよく聞こえますか？）と言えばOK。adjust は「～を調整する」。

▶ **音読ポイント**

volume はvo「ヴォ」にアクセントを置き、「ヴォリューム」と発音します。vを発音するときは上の前歯を下唇に軽くかませるようにあて、そのすきまから「ヴ」と息を出すことがポイント。

Useful Tidbits

オンライン会議では音声上のトラブルがつきもの。トラブルの状況を相手に伝える便利な表現をいくつか押さえておくと役に立ちます。具体的には、I think your audio is a bit choppy.（音が少し途切れ途切れになっています）、I can hear some noise.（雑音が聞こえます）などが使えます。

Date	STEP 0 Check	STEP 1 Listen	STEP 2 Overlap	STEP 3 Shadowing	STEP 4 my-oto-mo
/			回	回	回	%
	STEP 5 Recording				

DAY 163

🎧117

ポモドーロ・テクニック

The "Pomodoro Technique" is a time management technique that involves concentrating on a task for 25 minutes, followed by a 5-minute break. 🎤 This technique helps us to enhance concentration and efficiently tackle tasks. 🎤

▼
「ポモドーロ・テクニック」とは、あるタスクに25分間集中し、その後5分間の休憩を挟むという時間管理術です。このテクニックは集中力を高め、効率的にタスクに取り組むのに役立ちます。

▶ **解説**

help *A* (to) *do* は「Aが〜することを助ける」という意味の表現。Reading helps me (to) relieve my stress.（読書はストレスを軽減してくれます）のように使います。This technique（この技術）やReading（読書）のように、物が主語になることが多い表現です。enhanceは「〜を高める」、tackleは「〜に取り組む」。

▶ **音読ポイント**

techniqueのアクセントはずばり、niの部分。ni「ニィー」の部分を強く読み、「テェクニィーク」と発音します。queは喉を震わせず、「クッ」と読むことに注意。

Useful Tidbits

ポモドーロ・テクニックは、時間管理に悩んでいたイタリア人のフランチェスコ・シリロ氏によって考案されました。ちなみに、イタリア語で「ポモドーロ」は「トマト」を意味する言葉。シリロ氏が勉強時間を測定するために使ったのがトマトの形をしたタイマーだったことから、この名がついています。

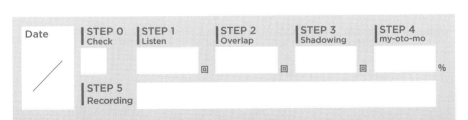

Date	STEP 0 Check	STEP 1 Listen	STEP 2 Overlap	STEP 3 Shadowing	STEP 4 my-oto-mo
/					%

STEP 5 Recording	

DAY 164

🎧118

あなたが望むニューヨーク

Today's Lines ▷ Tongue Twisters ［早口言葉］

You know New York, you need New York, you know you need unique New York.

▼
あなたはニューヨークを知っていて、あなたにはニューヨークが必要だ。そしてあなたはユニークなニューヨークが必要なことを知っている。

▶ **解説**

New York をはじめとした、n が含まれる単語が何度も出てくる早口言葉。unique は「ユニークな、唯一の、独特な」を意味する形容詞です。

▶ **音読ポイント**

「ナ」行に近い音が続く文章です。カンマがある部分で一息置き、呼吸を整え音読することを意識しましょう。

Useful Tidbits

ニューヨークを象徴するものと言えば、Statue of Liberty（自由の女神像のこと。正式名称はLiberty Enlightening the World［世界を照らす自由]）。女神がかぶっている冠には突起が7つついていますが、これは世界にある7つの海と7つの大陸を象徴しています。

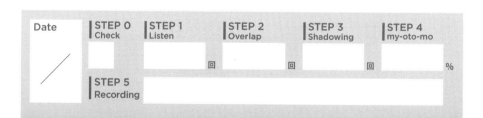

Date	STEP 0 Check	STEP 1 Listen	STEP 2 Overlap	STEP 3 Shadowing	STEP 4 my-oto-mo
/					%
	STEP 5 Recording				

DAY 165

🎧119
久しぶりの再会

Today's Lines ▶ Daily Conversations ［日常英会話］

A: Long time no see, Ken! You haven't changed at all! 🎙

B: Same goes for you! It's nice to see you after all these years, Maria. How have you been? 🎙

▼
A：久しぶり、ケン！ 全然変わってないね！
B：君もだよ！ 数年ぶりに会えてうれしいよ、マリア。元気だった？

▶ **解説**
長らく会っていなかった友人に「久しぶり！」と声をかけるときは、Long time no see. という表現を使います。ただし、これは比較的カジュアルな表現。目上の人や遠い親戚などに対して「お久しぶりです」と伝えるときは、It's nice to see you again. を使います。

▶ **音読ポイント**
at all の発音は、カタカナで表すと「アロゥー」に近いです。単語同士がつながり、at の t の発音が消えるイメージで読みましょう。

Useful Tidbits

small talk（スモールトーク）という言葉はご存じですか？ small talk とは、会話のきっかけを作るためのちょっとした雑談や世間話のこと。「最近どう？」「いい天気だね」など、肩の力を抜いてリラックスして話せる話題から会話を始めます。**How's life?**（最近どう？［生活はどう？］）という質問も鉄板。

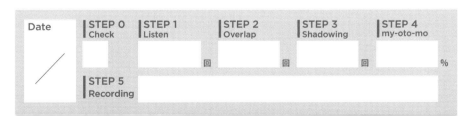

Date	STEP 0 Check	STEP 1 Listen	STEP 2 Overlap	STEP 3 Shadowing	STEP 4 my-oto-mo
/					%

STEP 5
Recording

DAY 166

🎧120 モモの物語 24

Then, the king came to Momo and said, "Why don't you eat this dessert?"

It was the same egg as the one Momo touched before. Momo touched it again and instantly fell asleep.

▼
すると、国王はモモに近づいて言いました。
「このデザートを食べないかい？」
それは前にモモが触ったものと同じ卵でした。再び卵に触れる
と、モモはすぐさま眠りに落ちました。

▶ 解説

Why don't you *do* 〜? は「（あなたは）〜してはどうですか？」という意味を表す、提案の表現です。Why don't you try it again?（もう一度チャレンジしてみたら？）や、Why don't you study English?（英語を勉強してみたらどう？）のように使います。instantly は「即座に、すぐさま」、fall asleep は「眠りに落ちる」。

▶ 音読ポイント

dessert（デザート）のアクセントは、2つ目のeの部分。「ディザー（トゥ）」と、「ザー」の部分にアクセントを置いて読みましょう。1つ目のeにアクセントを置き「デ」と強く読むと、desert（砂漠）という意味の単語に聞こえてしまうので注意が必要です。

Useful Tidbits

イギリスでは、「デザート」を意味するスラングに pudding という言葉があります。通常、pudding はデザートの一種である「プリン」を指しますが、イギリスでは「食後に食べるデザート」を意味することもあるのです。What's for pudding?（デザートは何？）という表現を覚えておきましょう。

Date	STEP 0 Check	STEP 1 Listen	STEP 2 Overlap	STEP 3 Shadowing	STEP 4 my-oto-mo
/					%

STEP 5 Recording	

DAY 167 - 168
5日間のおさらい

下記のDAYの音読を再度行いましょう。
それぞれ自分の音読をmy-oto-moで判定してベストスコアを
書き込みましょう。また、再度録音してみて、その気づきを
Recording欄に書き込んでおくと今後の参考になります。

DAY 162 🎧 116

Date　　　　my-oto-mo　　　Recording

%

DAY 163 🎧 117

Date　　　　my-oto-mo　　　Recording

%

DAY 164 🎧 118

Date　　　　my-oto-mo　　　Recording

%

DAY 165 🎧 119

Date　　　　my-oto-mo　　　Recording

%

DAY 166 🎧 120

Date　　　　my-oto-mo　　　Recording

%

DAY 169

🎧121
プレゼンの練習

A: **Would you mind practicing my presentation with me?** 🎤
I have a presentation tomorrow, but I'm not good at talking
in front of people. 🎤 **I would like some feedback from you.** 🎤
B: **I'd be happy to help you.** 🎤

▼
A：一緒にプレゼンテーションの練習をしてくれませんか？ 明
　　日プレゼンテーションがあるんですが、人前で話すのが得
　　意ではないんです。あなたからフィードバックをもらいた
　　いんです。
B：喜んで手伝いますよ。

▶ **解説**
mindは「〜を嫌だと思う」という意味。**Would you mind** *doing*
〜? を直訳すると「〜することを嫌だと思いますか?」ですが、こ
れはつまり「〜していただけませんか?」という意味を表します。相
手の気持ちに配慮しながらお願いする丁寧な表現です。*be* good at
doing 〜は「〜することが得意である」。

▶ **音読ポイント**
feedbackは「フィードバック」ではなく、「**フィー(ドゥ)バッ(ク)**」
とdとckを弱く発音して読みましょう。

Useful Tidbits
アメリカやカナダ、オース
トラリアなどの英語圏では、
幼稚園の頃からプレゼンテ
ーションの練習をする文化
があります。これはShow
and Tell と呼ばれ、その名
の通り「見せて」、「話す」
発表をします。子どもたち
は自分の好きなおもちゃや
ぬいぐるみなどを持ってき
て、それについて先生や友
人の前で話します。

Date	STEP 0 Check	STEP 1 Listen	STEP 2 Overlap	STEP 3 Shadowing	STEP 4 my-oto-mo
/					%
	STEP 5 Recording				

DAY 170

🎧122
サマータイム

Daylight saving time is the practice of moving clocks forward during warmer months so that darkness falls at a later clock time. This helps to conserve energy and maximize the use of the available hours of daylight. Clocks are set back when it becomes colder again.

▼

サマータイムとは、暖かい月に時計を進め、遅い時間に暗くなるようにする慣習のことです。これにより、エネルギーを節約し、利用可能な日照時間を最大限に活用することができます。再び寒くなると、時計は戻されます。

▶ 解説

サマータイムとは、夏を中心とした日の出時刻が早まる時期に、時計の針を1時間進め、太陽の出ている時間帯を有効に利用することを目的としたもの。move A forward は「A を前に進める、前進させる」という意味で、moving clocks forward で「時計を進めること」を表します。practice は「実践、慣習」、conserve は「〜を節約する」。

▶ 音読ポイント

energy は「エネルギー」ではなく「エナジー」と読みます。「ナ」の部分は、舌を上の歯の裏付近にあてながら発音します。

Useful Tidbits

daylight saving time（略してDST）は日本では「サマータイム」と呼ばれています。アメリカ、カナダ、オーストラリアではDSTと呼ぶのが一般的ですが、イギリスをはじめとするヨーロッパの国々では日本と同じようにsummer timeと言います。

Date	STEP 0 Check	STEP 1 Listen	STEP 2 Overlap	STEP 3 Shadowing	STEP 4 my-oto-mo
/					%
	STEP 5 Recording				

DAY 171

🎧123
想像上の動物園

Today's Lines | Tongue Twisters ［早口言葉］

Imagine an imaginary menagerie manager managing an imaginary menagerie.

▼
想像上の動物園を管理している、想像上の動物園のマネージャーを想像してみてください。

▶ 解説

舌がつっかえそうな難しい早口言葉。文頭には主語がなく、動詞 imagine （〜を想像する）から始まっているので、これは「〜を想像してください」という命令文。**menagerie は、見世物の要素が強い動物園を意味する難単語**。an imaginary menagerie manager （想像上の動物園のマネージャー）を、managing an imaginary menagerie （想像上の動物園を管理している）が後ろから修飾しています。imaginary は「想像上の」。

▶ 音読ポイント

menagerie は「マナァジュリィ」と読みます。アクセントは na「ナァ」の部分です。a は「エ」の口の形で「ア」と言います。

Useful Tidbits

想像上の伝説の生き物といえば、白い馬に似た生き物に角が1本生えた**ユニコーン**。ユニコーンにはさまざまな伝承があります。そのうちの1つが、**ユニコーンの角は水を浄化し、毒を中和する作用がある**というもの。

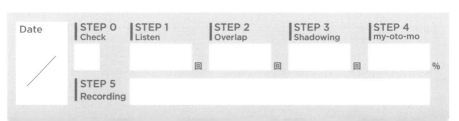

Date	STEP 0 Check	STEP 1 Listen	STEP 2 Overlap	STEP 3 Shadowing	STEP 4 my-oto-mo
/					%
	STEP 5 Recording				

DAY 172

🎧124
車の不調

Today's Lines Daily Conversations [日常英会話]

A: I hope my car doesn't break down. I can hear a strange noise coming from somewhere, but I'm not sure what's causing it. 🎤

B: Let me take a look. Hmm, the sound is coming from the fan belt. We should call a mechanic. 🎤

▼
A：車が故障しないといいんだけど。どこからか変な音が聞こえるけれど、何が原因なのかわからないわ。
B：ちょっと見せてみて。なるほど、音はファンベルトから来ているみたい。整備士を呼ばないと。

▶ **解説**
何かを「見せてみて」と言うときは、Let me take a look. という表現を使います。**Let me do ～.**（～させてください）と **take a look**（見る）が合わさった形です。break down は「故障する」、strange は「変な」。

▶ **音読ポイント**
what's causing it の部分は、単語同士をつなげ「**ワッツコーズィ ンイッ（トゥ）**」と発音するイメージです。

Useful Tidbits
mechanic（整備士）は、主に自動車やそのほかの機械の修理・点検などを行う人です。repair person（修理工）は壊れた物を直す人、engineer（技師）はエンジンや機械、建物を設計し建設する人のことで、それぞれ役割や仕事内容が異なります。

Date	STEP 0 Check	STEP 1 Listen	STEP 2 Overlap	STEP 3 Shadowing	STEP 4 my-oto-mo
/		回	回	回	%
	STEP 5 Recording				

DAY 173

🎧125

モモの物語 25

Today's Lines ▷ Stories［物語］

Momo found herself in the passenger seat of a large camper van. 🎙

"It seems like I've traveled to a different place again. Where am I?" 🎙

When Momo glanced to her left, she saw a man was driving the van. 🎙

▼

気づくと、モモは大きなキャンピングバンの助手席にいました。
「私、どうやらまた違う場所に移動したみたい。ここは、どこ？」
左側にちらりと目をやると、男の人がバンを運転していました。

▶ **解説**
It seems like SV 〜. は「SがVするようです」を意味する表現。似た表現にIt seems that SV 〜. もありますが、like を使うほうがより口語的でカジュアルな印象を与えます。passenger seat は「助手席」、glance は「ちらりと見る」。

▶ **音読ポイント**
van は「バン」ではなく「ヴェァン」と読みます。上の前歯を下唇にあてながら、「ヴェァ」と発音しましょう。

Useful Tidbits

van（バン、小型トラック）と life（暮らし）を掛け合わせた造語である、van life（バンライフ）という言葉は、車での移動と車中泊を繰り返し、仕事や生活をする新しいライフスタイルのことを指します。このようなライフスタイルを送る人たちのことを、近年ではvan lifer（バンライファー）と呼ぶようにもなりました。

Date	STEP 0 Check	STEP 1 Listen	STEP 2 Overlap	STEP 3 Shadowing	STEP 4 my-oto-mo
/			回	回	回 ... %
	STEP 5 Recording				

DAY 174 -175
5日間のおさらい

下記のDAYの音読を再度行いましょう。
それぞれ自分の音読をmy-oto-moで判定してベストスコアを
書き込みましょう。また、再度録音してみて、その気づきを
Recording欄に書き込んでおくと今後の参考になります。

DAY 169 🎧 121

Date　　　　my-oto-mo　　Recording

%

DAY 170 🎧 122

Date　　　　my-oto-mo　　Recording

%

DAY 171 🎧 123

Date　　　　my-oto-mo　　Recording

%

DAY 172 🎧 124

Date　　　　my-oto-mo　　Recording

%

DAY 173 🎧 125

Date　　　　my-oto-mo　　Recording

%

DAY 176

🎧126
郵便局で

A: Excuse me, I'd like to post this letter. 🎤

B: Certainly. Would you like to send it standard or express mail? 🎤

A: Express, please. I'd like to get it delivered as fast as possible. 🎤

B: All right, your total is $4. 🎤

▼
A：すみません、この手紙を送りたいです。
B：かしこまりました。通常郵便と速達便、どちらで送りますか？
A：速達でお願いします。できるだけ早く届けてほしいんです。
B：承知しました、合計金額は4ドルです。

▶ 解説

郵便局で手紙を送るときに使えるのが、I'd like to post this letter.（この手紙を送りたいです）という表現。ちなみに速達などで出す際、送料が気になる場合は、How much is express?（速達はいくらですか?）という表現を使って値段を確認すればOK。get it deliveredは、〈get ＋ A ＋過去分詞〉の形で、「Aを〜してもらう」という表現。この場合は「手紙を届けてもらう」ということ。express mail は「速達便」。

▶ 音読ポイント

発音が難しい単語certainly。「サァートゥンリィ」と発音し、cer「サァー」の部分を強く読むように意識しましょう。

Useful Tidbits

国際郵便を送る際、封筒に忘れずに書かなければならないのは住所と名前だけではありません。なるべく速く届けてほしい場合は、相手の住所の下にAIR MAIL（航空便）と書いておきましょう。書かないと、場合によっては船便で送られてしまい、到着に時間がかかってしまうケースも。

Date	STEP 0 Check	STEP 1 Listen	STEP 2 Overlap	STEP 3 Shadowing	STEP 4 my-oto-mo
/		回	回	回	%
	STEP 5 Recording				

DAY 177

🎧127

「よろしくお願いします」

A: Good morning, everyone. We have a new team member joining us today. Ms. Kojima, could you please introduce yourself? 🎤

B: Hi, everyone. My name is Mei Kojima. I used to work for Rocody as a web designer. I'm looking forward to working with you all. 🎤

▼

A：皆さん、おはようございます。今日から新しいチームメンバーが加わります。コジマさん、自己紹介をお願いできますか？

B：こんにちは、皆さん。私の名前はコジマメイです。以前はウェブデザイナーとしてロコディー社で働いていました。よろしくお願いします。

▶ 解説

日本語の「よろしくお願いします」にあたる便利な表現は英語にはありませんが、どのような目的で「よろしくお願いします」と伝えているかを考えればOKです。入社初日のあいさつなら、「これから皆さんと働くことを楽しみにしています」と言うと気持ちが伝わりますね。そんなときは、I'm looking forward to working with you all.（皆さんと一緒に仕事ができることを楽しみにしています［＝よろしくお願いします］）という表現を使えばばっちりです。

▶ 音読ポイント

with you all の部分は「ウィデューオーゥ」とつなげて発音します。何度もお手本を聞いて、真似して音読してみましょう。

Useful Tidbits

「〜さんによろしく伝えてね」という場合の「よろしくお願いします」は、Please say hello to 〜. という表現を使います。日本語の「よろしくお願いします」はどんな状況でも使うことができとても便利ですが、英語では目的に応じて表現を使い分ける必要があるので、伝えたい意味を考えるようにしましょう。

Date	STEP 0 Check	STEP 1 Listen	STEP 2 Overlap	STEP 3 Shadowing	STEP 4 my-oto-mo
/					%
	STEP 5 Recording				

DAY 178

🎧128
道で偶然ばったり

A: Hi, Nana! What a coincidence! What are you doing here? 🎤

B: Oh wow, George! I wasn't expecting you to be here! I've got a few errands to run. 🎤

A: Me, too. I'm just heading to the dry cleaner's now. 🎤

▼
A：やあ、ナナ！　偶然だね！　ここで何をしているの？
B：あら、ジョージ！　あなたがここにいるなんて思ってもみなかったわ！　いくつか用事を済ませなければならなくて。
A：僕も同じだよ。今からクリーニング屋に向かうところなんだ。

▶ **解説**

知り合いに道でばったり会ったときに使えるのが、What a coincidence!（偶然だね！）という表現。coincidence は名詞で「偶然の一致」を意味します。また、What a 〜! は「なんて〜！」を意味する表現で、What a surprise!（なんとびっくり！）、What a shame!（なんて残念なこと！）のように使うこともできます。

▶ **音読ポイント**

coincidence は「コォゥインシィダァンス」のように読みます。coin の部分を「コイン」と読むのではなく、「コォゥイン」と口をすぼめて発音するのがポイントです。**アクセントは「イ」に置きます。**

Useful Tidbits

ネイティブが日常会話で頻繁に使う単語 errand（用事、使い走り）。特に、I've got a few errands to run.（用事があります）という表現がよく使われます。「銀行に行く」、「服をクリーニングに出す」、「スーパーへ買い物に行く」などの細々とした用事が当てはまります。

Date	STEP 0 Check	STEP 1 Listen	STEP 2 Overlap	STEP 3 Shadowing	STEP 4 my-oto-mo
/		回	回	回	%
	STEP 5 Recording				

DAY 179

🎧129
逆境指数

Adversity Quotient, called AQ, measures one's ability to cope with adversity. 🎙 Especially for leaders, AQ is said to be crucial as it is a measure of their resilience, problem-solving skills, and adaptability to challenging situations, all of which ultimately shape their success. 🎙

▼
逆境指数、通称AQとは、逆境に対処する能力を測る指数です。最終的に成功を生み出す能力である、逆境における回復力、問題解決能力、そして困難な状況への適応力の基準となるため、特にリーダーにとってAQは重要と言われています。

▸ 解説

be said to be 〜「〜と言われている」という表現を覚えましょう。この表現は誰かの性格や人柄について話すときにもよく使われ、具体的にはMark is said to be honest.（マークは正直者と言われています）、John is said to be a genius.（ジョンは天才と言われています）のように使います。adversity は「逆境」、cope with 〜は「〜に対処する」、resilience は「回復力」。

▸ 音読ポイント

「指数」を意味する難単語quotient の発音に注意。quo「クォー」にアクセントを置き、「クォーシェン（トゥ）」と読みます。

Useful Tidbits

逆境指数はポール・G・ストルツ博士によって提唱された概念。よくAQと並べて説明される概念には、IQ（Intelligence Quotient、知能指数）やEQ（Emotional intelligence Quotient、心の知能指数）があります。前者は思考の速さなどの知能レベルを、後者は他者や自分の感情を理解し、適切に行動できる能力を数値化しています。

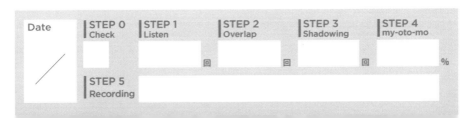

Date	STEP 0 Check	STEP 1 Listen	STEP 2 Overlap	STEP 3 Shadowing	STEP 4 my-oto-mo
/					%

STEP 5 Recording

DAY 180

🎧130
モモの物語 26

Today's Lines ▷ Stories [物語]

From the car window, Momo saw palm trees growing side by side along the road.🎤 Between the roadside trees, she was able to see a beautiful beach and the ocean. 🎤 The sign said, "Los Angeles."🎤

▼
車窓から、モモはヤシの木が道沿いに並んで生えているのを見ました。街路樹の間からは、美しいビーチと海が見えました。標識にはこう書かれていました。「ロサンゼルス」

▶ 解説

The sign says 〜. は「標識が〜と言っています」、つまり「標識には〜と書いてあります」という意味の表現です。人や動物ではない、sign（標識）のような "物" が主語のときも、say（言う）という動詞を使うことができます。ほかにも、letter（手紙）、TV（テレビ）、newspaper（新聞）などが主語になります。palm tree は「ヤシの木」、side by side は「並んで」。

▶ 音読ポイント

固有名詞の正しい発音を確認しておきましょう。Los Angeles は「サ」にアクセントを置いて「ロサンジェレス」と発音します。

Useful Tidbits

アメリカは、実は日本の免許証で運転が可能な国の1つです（※一部州を除く）。ただし、事故などのトラブルがあった際には免許証の確認で時間をとられてしまう可能性も。国際免許証を取得した上での運転がおすすめです。

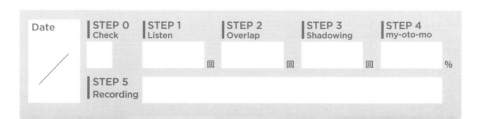

Date	STEP 0 Check	STEP 1 Listen	STEP 2 Overlap	STEP 3 Shadowing	STEP 4 my-oto-mo
/					%

STEP 5 Recording	

DAY 181-182
5日間のおさらい

下記のDAYの音読を再度行いましょう。
それぞれ自分の音読をmy-oto-moで判定してベストスコアを
書き込みましょう。また、再度録音してみて、その気づきを
Recording欄に書き込んでおくと今後の参考になります。

DAY 176 🎧 126

Date   my-oto-mo   Recording

%

DAY 177 🎧 127

Date   my-oto-mo   Recording

%

DAY 178 🎧 128

Date   my-oto-mo   Recording

%

DAY 179 🎧 129

Date   my-oto-mo   Recording

%

DAY 180 🎧 130

Date   my-oto-mo   Recording

%

DAY 183

🎧131
方法を尋ねるとき

A: **How do I connect my computer to this monitor?** 🎤

B: **Well, it depends on the types of connections. Let me check... Ah, you should use this cable. Plug it in here and here.** 🎤

A: **Thank you.** 🎤

▼

A：どうやってパソコンをこのモニターにつなげればいいでしょうか？

B：ええと、接続のタイプによりますね。ちょっと見せてください。ああ、このケーブルを使うといいですよ。こことここに挿してください。

A：ありがとうございます。

▶ 解説

パソコンをモニターにつなげたいときの会話。How do I 〜? で「〜するにはどうしたらいいですか？」と聞くことができます。connect *A* to *B* は「A を B に接続する」という意味の表現。depend on 〜は「〜による」、plug 〜 in は「〜のプラグをつなぐ」。

▶ 音読ポイント

Plug it は「プラグ イット」ではなく、g と i とつなげて「プラギィッ（トゥ）」と読みます。また、p は上下の唇をしっかり閉じてから、空気を弾き出すイメージで「プ」と発音しましょう。

Useful Tidbits

テレビやモニターなどを接続するために使われるHDMIケーブルの "HDMI" とは、何の略か知っていますか? この略語は、**High-Definition Multimedia Interface**（高精細度マルチメディアインターフェース）を意味するもの。definition は「定義」だけでなく、**「精細度、鮮明度」**を意味する単語です。

Date	STEP 0 Check	STEP 1 Listen	STEP 2 Overlap	STEP 3 Shadowing	STEP 4 my-oto-mo
/			回	回	%

STEP 5 Recording	

DAY 184

🎧132
SDGs

The Sustainable Development Goals (SDGs) were adopted by all the United Nations Member States in 2015. 🎙 They consist of 17 goals aimed at addressing various social, economic, and environmental challenges that have to be overcome to achieve a more sustainable and equitable world by 2030. 🎙

▼

持続可能な開発目標（SDGs）は、2015年にすべての国連加盟国によって採択されました。SDGs は、2030年までにより持続可能で公平な世界を実現するために、社会、経済、環境面において克服しなければならないさまざまな課題に取り組むことを目的とした、17の目標で構成されています。

▶ 解説

consist of ～は「～から成る」という意味で、主語が何で構成されているのかを伝える表現。of の後ろには five members（5人のメンバー）、three sections（3つのセクション）など、具体的な数と構成要素が続きます。adopt は「～を採択する」、address は「（問題など）を処理する」、overcome は「～を克服する」、equitable は「公平な」。

▶ 音読ポイント

sustainable は「サステナブル」ではなく「**サステイナボゥ**」と読みます。tain「テイ」にアクセントを置いて発音しましょう。

Useful Tidbits

SDGs の前にも似た目標が存在しました。それは国際連合が **2000年に採択**した、**MDGs**（Millennium Development Goals「**ミレニアム開発目標**」）というもの。これは主に開発途上国の課題を対象としていました。この MDGs をより包括的な目標にしたものが SDGs です。

Date	STEP 0 Check	STEP 1 Listen	STEP 2 Overlap	STEP 3 Shadowing	STEP 4 my-oto-mo
/					%
	STEP 5 Recording				

DAY 185

🎧133
たくさんのサラブレッド

Today's Lines | Tongue Twisters ［早口言葉］

Thirty-three thirsty, thundering thoroughbreds thumped Mr. Thurber on Thursday.

▼
33頭の喉の渇いた大したサラブレッドは、木曜日にサーバーさんにドシンと当たりました。

▶ 解説

th を含む単語の早口言葉。**Thirty-three thirsty, thundering thoroughbreds「33頭の喉の渇いた大したサラブレッド」**が主語、thumped（〜にドシンと当たった）が動詞、Mr. Thurber（サーバーさん）が目的語です。thundering は「途方もない、大した」。

▶ 音読ポイント

thoroughbreds は tho「サァー」の部分にアクセントを置き、「サ
ァーラブレッズ」のように読みます。th では舌を上下の歯で挟み、「サァー」と強く発音します。ds は舌を上の歯の裏にあてて、空気がこすれたような「ズ」という音を出します。

Useful Tidbits

近代競馬は、実はイギリス発祥。当時、競馬は王族や貴族の上流階級の娯楽でした。現在も残るイギリス最古の競馬場は、チェスター競馬場。正式なルールや専用の施設に基づく近代競馬としての最初の競馬は、1539年〜1540年頃であると言われています。

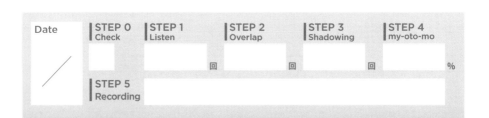

Date	STEP 0 Check	STEP 1 Listen	STEP 2 Overlap	STEP 3 Shadowing	STEP 4 my-oto-mo
/					%
	STEP 5 Recording				

DAY 186

🎧134 手荷物を紛失したとき

A: Excuse me. My suitcase didn't come out. 🎤

B: Could you show me your baggage-claim tag? 🎤

A: Of course, here is my tag. 🎤

B: Can you describe your suitcase? 🎤

A: It's a medium-sized blue one with a lot of stickers on it. 🎤

▼

A：すみません。私のスーツケースが出てきませんでした。

B：手荷物預かり証を見せていただけますか？

A：はい、こちらが私の手荷物預かり証です。

B：あなたのスーツケースの特徴を教えていただけますか？

A：青くて中ぐらいのもので、シールがたくさんついています。

▶ **解説**

空港で荷物が見当たらないことを空港のスタッフに伝える場面。My suitcase didn't come out.（私のスーツケースが出てきませんでした）は、自分の荷物がターンテーブルに流れてこなかったときに使える表現です。describe は「〜の特徴を述べる」。

▶ **音読ポイント**

with a lot of は音をつなげて「ウィザァロッドォヴ」と読みましょう。with a をつなげて「ウィザァ」、lot of も「ロット オヴ」ではなく「ロッドォヴ」のようになります。

Useful Tidbits

Who are you flying with? と聞かれたら、「誰と一緒に飛んできたのですか？」と直訳していけません。この表現は、一緒に来た人を聞いているのではなく「どの航空会社を使うのですか？」という意味。答えるときは、I'm flying with Banana Airlines.「私はバナナ航空で行きます」のように、航空会社の名前を続けて返します。

Date	STEP 0 Check	STEP 1 Listen	STEP 2 Overlap	STEP 3 Shadowing	STEP 4 my-oto-mo
/					%
	STEP 5 Recording				

DAY 187

🎧135
モモの物語 27

The man spoke to Momo, as well as his wife and daughter in the back seats: 🎤
"We're going on a road trip for seven nights! It's still a long way to Chicago!" 🎤
Momo was about to leave Los Angeles for a trip across the United States. 🎤

▼

男性はモモと、後部座席に座っている妻と娘に話しかけました。
「今日から家族で7泊8日のドライブ旅行だ！　シカゴまでまだまだ長いぞ！」
どうやら、モモはロサンゼルスからアメリカ横断の旅に出発するところでした。

▶ **解説**

be about to *do* ～は「まさに（今）～するところだ」を意味する表現。これから始めようとしていることを表すときに使うことができます。人に何かをするように言われて「今ちょうどやろうとしていたところだったんだよ」と答えるときは、I was about to *do* ～. の表現を使います。

▶ **音読ポイント**

daughter（娘）という単語に含まれるghは発音しません。**カタカナで表現すると、「ドーラー」に近い音になります。gh**の部分を読まない単語は、ほかにもhigh「ハイ」（高い）、light「ライ（トゥ）」（光）などがあります。

Useful Tidbits

アメリカでは多くの州で、**ドライバーだけでなく助手席や後部座席に座る人も必ずシートベルトを着用するという法律が定められています。**ただし、法律で定められていようといまいと、シートベルトの着用は命を守るためにとても重要な手段です。

Date	STEP 0 Check	STEP 1 Listen	STEP 2 Overlap	STEP 3 Shadowing	STEP 4 my-oto-mo
/					%
	STEP 5 Recording				

DAY 188 - 189
5日間のおさらい

下記のDAYの音読を再度行いましょう。
それぞれ自分の音読をmy-oto-moで判定してベストスコアを
書き込みましょう。また、再度録音してみて、その気づきを
Recording欄に書き込んでおくと今後の参考になります。

DAY 183 🎧131

Date　　　　my-oto-mo　Recording

%

DAY 184 🎧132

Date　　　　my-oto-mo　Recording

%

DAY 185 🎧133

Date　　　　my-oto-mo　Recording

%

DAY 186 🎧134

Date　　　　my-oto-mo　Recording

%

DAY 187 🎧135

Date　　　　my-oto-mo　Recording

%

DAY 190

🎧136
スマートフォンの台頭

Smartphones can help us to get information and stay in touch with our friends and family. 🎤 However, excessive use can lead to sleep disorders, vision problems, and even less concentration. 🎤 It is important to think about how we should interact with our smartphones. 🎤

▼
スマートフォンは情報を得たり、友人や家族と連絡を取ったりするのに役立ちます。しかし、使い過ぎは睡眠障害や視力の問題、さらには集中力の低下につながることもあります。私たちは、どのようにスマートフォンと付き合うべきなのかを考えることが重要です。

▶ **解説**

A lead to *B* は「AがBという結果につながる」という意味の表現。たとえば、Eating too much food leads to health problems.（食べ過ぎは健康上の問題をもたらします）や、Our efforts led to success.（私たちの努力が成功につながりました）のように使います。excessive は「度を越した」、disorder は「障害」。

▶ **音読ポイント**

sleep disorders, vision problems, and even less concentration は、スマートフォンが起こす問題の具体例を列挙している部分。「1つ目、2つ目、3つ目」のハンドサインをつけながら、ほかの単語よりも強調してゆっくり発音してみましょう。

Useful Tidbits

「細い体型の人」のことをカタカナ英語で「スマートな人」と日本語で言うことがありますが、これは、実は誤り。smart（スマート）という単語は「賢い、頭のいい」を意味する言葉です。「（体型が）細い」と英語で言いたいときは、slim という単語を使います。

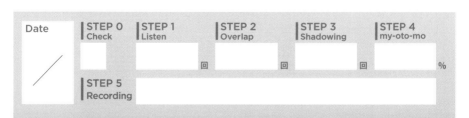

Date	STEP 0 Check	STEP 1 Listen	STEP 2 Overlap	STEP 3 Shadowing	STEP 4 my-oto-mo
/					%
	STEP 5 Recording				

DAY 191

🎧137
問題が起きたら

Today's Lines ▷ Business Conversations [ビジネス英会話]

A: I'm having trouble with this printer. Oh, it says it's out of ink. 🎙

B: No problem, Mike. We have spare ink cartridges in the drawer. I'll replace the empty one with a new one. 🎙②

A: I had no idea we had replacements in the office. Thanks. 🎙③

▼
A：プリンターに問題があって困っているんだ。あ、インク切れみたい。

B：大丈夫よ、マイク。予備のインクカートリッジが引き出しにあるわ。空のものを新しいものと交換するね。

A：オフィスに替えがあるとは思わなかった。ありがとう。

▶ **解説**

I'm having trouble with 〜. は「(今)〜に問題があります」という意味の表現。with のあとには printer (プリンター) や computer (パソコン)、car engine (車のエンジン) など、問題が起きている"物"を続けましょう。I'm having trouble with my son.（息子に手を焼いています）のように、"人"を続けることも。spare は「予備の」、empty は「空の」。

▶ **音読ポイント**

idea は「**アイディーァ**」と読みます。de の部分を「ディー」と伸ばして発音しましょう。

Useful Tidbits

動詞の後ろに er をつけると、「〜する人・物」という意味の名詞に早変わり。本文の printer と drawer がこのパターンです。print（〜を印刷する）＋ er で printer (印刷するもの [＝プリンター])、draw（〜を引き出す）＋ er で drawer (引くもの [＝引き出し]) になりますね。

Date	STEP 0 Check	STEP 1 Listen	STEP 2 Overlap	STEP 3 Shadowing	STEP 4 my-oto-mo
/			回		回		回	%
	STEP 5 Recording				

DAY 192

🎧138
バッハの言葉

"I worked hard. Anyone who works as hard as I did can achieve the same results."
—Johann Sebastian Bach

▼
「私は懸命に仕事に打ち込んだ。私と同じくらい懸命に努力すれば、誰でも同じ成果を残すことができるだろう」
—ヨハン・ゼバスティアン・バッハ

▶ 解説
「AはBと同じくらい…です」と伝えるときは、〈A 〜 as 原級 as B 〜〉の表現を使います。asとasの間には、形容詞か副詞の原級が入ります。たとえば、I can run as fast as Ken.（私はケンと同じくらい速く走ることができます）のように使うことができます。achieveは「〜を達成する」。

▶ 音読ポイント
workedは「ワーク（トゥ）」と発音します。「ワークドゥ」と濁って発音しないように注意しましょう。

Useful Tidbits
「音楽の父」と呼ばれるバッハですが、元々はオルガン奏者として知られていました。有名な曲には『G線上のアリア』や『管弦楽組曲第3番ガヴォット』があります。バッハは曲のインスピレーションを得るため、よく旅をしていたことで知られています。

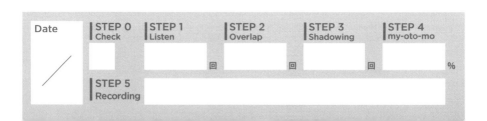

Date	STEP 0 Check	STEP 1 Listen	STEP 2 Overlap	STEP 3 Shadowing	STEP 4 my-oto-mo
/		回	回	回	%
	STEP 5 Recording				

DAY 193

🎧139
カード会社へ問い合わせ

A: **Seanuts Card. How may I help you?** 🎤①

B: **Hi, it's Miori Ogawa. I want to inquire about a credit card charge.** 🎤②

A: **Absolutely. Is there a problem?** 🎤③

B: **Actually, yes. There seems to be a mistake in the billing.** 🎤④

▼
A：シーナッツカード会社です。ご用件は何でしょうか？
B：こんにちは、私はオガワミオリです。クレジットカードの
　　請求についてお問い合わせしたいのですが。
A：もちろんでございます。何か問題がございますか？
B：実はそうなんです。カードの請求に誤りがあるようでして。

▶ **解説**
電話などで何かについて問い合わせをするときは、**I want to inquire about ～.**（～について尋ねたいです）という表現が使えます。inquire は「尋ねる、質問する」という意味の動詞で、**ask** よりもフォーマルな印象を与えます。

▶ **音読ポイント**
about a の部分は「アバゥラ」と読むイメージ。「アバウト ア」と 1つ1つバラバラに発音するのではなく、つなげて読みましょう。

Useful Tidbits

There seems to be ～.（～のようです）はずばり、相手に配慮した婉曲表現。これは、日本語で「ミスがあります」と断定した言い方を避け、「誤りがあるようでして…」とやわらかく表現するのと同じ。英語でも There is a mistake.「誤りがあります」と断定せず、There seems to be ～.を使って相手に伝えるとスマートです。

Date	STEP 0 Check	STEP 1 Listen	STEP 2 Overlap	STEP 3 Shadowing	STEP 4 my-oto-mo
/					%
	STEP 5 Recording				

DAY 194

🎧140 モモの物語 28

Today's Lines 〉 Stories [物語]

Momo shifted from the passenger seat to the well-equipped kitchen area. She said, "Oh wow, it's so spacious!"🎙

She could not contain her excitement as she explored the camper's features.🎙

▼

モモは助手席から設備の整ったキッチンに移りました。
「わあ、とっても広い！」モモは言いました。
モモはキャンピングカーの設備を見て、ワクワクを抑えることができませんでした。

▶ **解説**

今日は簡単・便利な英語表現を学習します。〈It's so＋形容詞.〉で「とても（形容詞）です」を表します。It's so spacious. で「とても広い」、ほかにも It's so sweet!（とっても甘い！）や It's so hot today.（今日はとても暑い）のように使います。最後の文のcontain は「（感情など）を抑える」という意味。「〜を含む」という意味が真っ先に浮かぶかもしれませんが、こんな使い方もあるのです。

▶ **音読ポイント**

spacious の発音は、「スペィシャス」。「ペィ」の部分にアクセントを置いて読みましょう。

Useful Tidbits

「広い」を意味する形容詞にはwide が浮かぶかもしれません。しかし、wide は「幅が広い」という意味を表すため、部屋やスペースに対しては使いません（×a wide room）。部屋やスペースに対して「広い」というときはspacious やbig を使うことが一般的です（〇 a spacious room, a big room）。

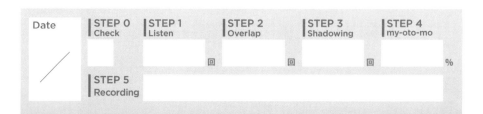

Date	STEP 0 Check	STEP 1 Listen	STEP 2 Overlap	STEP 3 Shadowing	STEP 4 my-oto-mo
/					%
	STEP 5 Recording				

DAY 195-196
5日間のおさらい

下記のDAYの音読を再度行いましょう。
それぞれ自分の音読をmy-oto-moで判定してベストスコアを
書き込みましょう。また、再度録音してみて、その気づきを
Recording欄に書き込んでおくと今後の参考になります。

DAY 190 🎧 136
Date　　　　my-oto-mo　　Recording

%

DAY 191 🎧 137
Date　　　　my-oto-mo　　Recording

%

DAY 192 🎧 138
Date　　　　my-oto-mo　　Recording

%

DAY 193 🎧 139
Date　　　　my-oto-mo　　Recording

%

DAY 194 🎧 140
Date　　　　my-oto-mo　　Recording

%

DAY 197

🎧141 カフェで注文

A: Hi, what can I get for you? 🎤

B: Hi, I'd like a medium cappuccino, please. 🎤

A: Would you like a topping on your drink? 🎤

B: Can I have whipped cream, please? 🎤

A: Good choice. Anything else? 🎤

B: No, that's it. 🎤

▼
A：いらっしゃいませ、ご注文はいかがされますか？
B：どうも、ミディアムサイズのカプチーノをお願いします。
A：飲み物にトッピングはいかがですか？
B：ホイップクリームをいただけますか？
A：いいチョイスですね。ほかには何かありますか？
B：いいえ、以上です。

▶ 解説

カフェで注文するときの会話。**What can I get for you?** は「ご注文は何にしますか？」と聞く定番の表現です。注文するときは、I'd like 〜.（〜をお願いします）やCan I have 〜?（〜をいただけますか？）を使います。ほかに注文がなければ、That's it.（以上です）と言って終わりましょう。whipped cream は「ホイップクリーム」。

▶ 音読ポイント

what can I getは「**ワッキャナイゲッ（トゥ）**」と読みましょう。whatやgetのtをはっきりと発音せずに「ッ」と舌を口の天井に押しつけましょう。

Useful Tidbits

コーヒーにまつわる色々な表現を覚えておくと、カフェなどでの注文がスムーズになります。strong coffee は「濃いコーヒー」、weak coffee は「薄いコーヒー」を意味します。また日本語ではカフェインなしのコーヒーのことを「デカフェ」と言いますが、英語では**decaf**「ディーキャフ」と発音します。

Date	STEP 0 Check	STEP 1 Listen	STEP 2 Overlap	STEP 3 Shadowing	STEP 4 my-oto-mo
/			回	回	回 %
	STEP 5 Recording				

DAY 198

🎧142 約束に遅れそうになって

Today's Lines ▶ Business Conversations ［ビジネス英会話］

A: Hello. I'm sorry, but I might be running late for the meeting. I'm currently in a taxi, and we're stuck in traffic. 🎤

B: No problem. If you can't make it on time, I'll update you on what's discussed. 🎤❷

▼

A：お疲れ様です。申し訳ありませんが、会議に遅れてしまうかもしれません。今タクシーに乗っているのですが、交通渋滞に巻き込まれています。

B：問題ないですよ。もし時間通りに来られなかったら、話し合われていることについて報告します。

▶ 解説

run late for 〜は「〜に遅れる」という意味を表す表現。I might be running late for the meeting. で「会議に遅れてしまうかもしれません」を意味します。一方で遅刻してしまったときは、I'm sorry I'm late.（遅れてすみません）を使って謝りましょう。currently は「現在」、on time は「時間通りに」、update は「〜に最新情報を教える」。

▶ 音読ポイント

currently は「カァ（レ）ン（トゥ）リィ」と読みます。「カァ」にアクセントを置き、「レ」と「トゥ」は弱く発音しましょう。

Useful Tidbits

「交通渋滞」はtraffic jam またはheavy traffic と表します。traffic は「交通（量）、往来」を、jam は「混雑」を意味する語。また heavy traffic の heavy は重量を表しているのではなく、「（車の往来が）激しい」という意味で使われています。

Date	STEP 0 Check	STEP 1 Listen	STEP 2 Overlap	STEP 3 Shadowing	STEP 4 my-oto-mo
					%
	STEP 5 Recording				

DAY 199

🎧143
あいづち文化

"Aizuchi" is a Japanese word that means a really short interjection during a conversation. 🎤 They are used to show agreement or indicate that the listener is being attentive. 🎤 In Japan, aizuchi are frequently made by a listener before the speaker's sentence is over. 🎤 Such mid-sentence interjections are not so common in some cultures. 🎤

▼
「あいづち」とは日本語で、会話中のとても短い間投詞のことを意味します。同意の意を表したり、聞き手が耳を傾けていることを示したりするために使われます。日本では、話し手の言葉が終わる前に聞き手があいづちを頻繁に打ちます。このような話の途中でのあいづちは、文化によってはそれほど一般的ではありません。

▶ 解説

３文目の最後にある over は「終わって」という意味の形容詞。Summer vacation is almost over.（夏休みがもうすぐ終わっちゃう）、The meeting is over.（会議が終わりました）のように使います。attentive はここでは「話をよく聞く」の意味。「用心深い」という意味もあります。agreement は「同意」、frequently は「頻繁に」。

▶ 音読ポイント

「間投詞、挟むこと」を意味する interjection は、je「ヂェ」の部分にアクセントを置き、「**インターヂェクション**」と発音します。

Useful Tidbits

会話の途中で「うんうん」「そうだね」と頻繁にあいづちを打つのは日本ならではの文化。アメリカでは、あまりに頻繁にあいづちを打つと「話をさえぎっているのではないか」とかえって不快に思われてしまうことも。文化の違いが表れていますね!

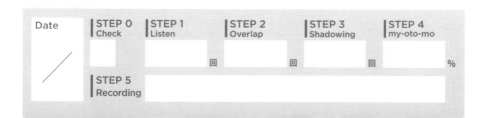

Date	STEP 0 Check	STEP 1 Listen	STEP 2 Overlap	STEP 3 Shadowing	STEP 4 my-oto-mo
/		◻	◻	◻	%
	STEP 5 Recording				

DAY 200

🎧144

虫歯で歯医者へ

Today's Lines Daily Conversations [日常英会話]

A: I've been having some pain in my tooth, and I'm afraid I might have a cavity. 🎤

B: Where does it hurt? 🎤

A: I have a sore molar on the lower right. 🎤

B: Alright, I'm putting the seat back now. Open your mouth, please. 🎤

▼

A：歯の痛みが続いていて、虫歯があるのではないかと心配しているんです。

B：どこが痛みますか？

A：右下の奥歯が痛いです。

B：わかりました、今背もたれを倒しますね。口を開けてください。

▶ **解説**

よくない事態や好ましくない物事を予想して、I'm afraid SV ～.（S がVではないかと思う、心配する）という表現を使うことがあります。症状を伝えるときは、I have ～.を使って表しましょう。I have a sore molar で「奥歯が痛い」という意味になります。pain は「痛み」、hurt は「痛む」。

▶ **音読ポイント**

「虫歯」を意味するcavity は「キャヴィティ」と読みます。「キャ」にアクセントを置き、aの部分は「エ」の口の形で「ア」と言います。

Useful Tidbits

「歯」にも色々な名称があります。baby tooth で「乳歯」、permanent tooth で「永久歯」を意味します。また、**wisdom tooth** は**「親知らず」**を意味する言葉です。wisdom は**「知恵」**という意味で、"大人（＝知恵がつく頃）になって生える歯"という由来があります。

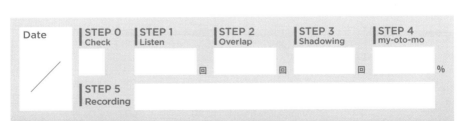

Date	STEP 0 Check	STEP 1 Listen	STEP 2 Overlap	STEP 3 Shadowing	STEP 4 my-oto-mo
/					%
	STEP 5 Recording				

DAY 201

🎧145
モモの物語 29

During the trip, the family stopped in Las Vegas and saw an amazing magic show. 🎤 Later on, they visited the Grand Canyon National Park and had a great time taking pictures of the majestic cliffs and canyon. ②

▼
旅の途中、モモたちはラスベガスに立ち寄り素晴らしいマジックショーを観ました。その後はグランドキャニオン国立公園を訪れ、迫力満点の崖や峡谷の写真を撮りながら楽しい時間を過ごしました。

▶ 解説
have a great time *doing*（〜して楽しい時間を過ごす）という表現を覚えましょう。great の部分を good や amazing、wonderful などに変えて表現しても OK です。later on は「後で」、cliff は「崖」、canyon は「峡谷」。

▶ 音読ポイント
「荘厳な、壮大な」を意味する majestic は、je「ヂェ」にアクセントを置き、「マヂェスティッ（ク）」と読みます。最後の「ク」は弱く発音することを意識しましょう。

Useful Tidbits
グランドキャニオンはアメリカのアリゾナ州にある大峡谷。コロラド川がコロラド高原を侵食し、長い時間をかけて形成された歴史のある峡谷です。1979年には、グランドキャニオン国立公園が世界遺産に登録されました。

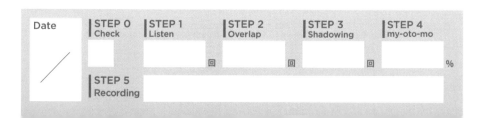

Date	STEP 0 Check	STEP 1 Listen	STEP 2 Overlap	STEP 3 Shadowing	STEP 4 my-oto-mo
/					%
	STEP 5 Recording				

DAY 202 - 203
5日間のおさらい

下記のDAYの音読を再度行いましょう。
それぞれ自分の音読をmy-oto-moで判定してベストスコアを
書き込みましょう。また、再度録音してみて、その気づきを
Recording欄に書き込んでおくと今後の参考になります。

DAY 197 🎧141

Date　　　my-oto-mo　　Recording

%

DAY 198 🎧142

Date　　　my-oto-mo　　Recording

%

DAY 199 🎧143

Date　　　my-oto-mo　　Recording

%

DAY 200 🎧144

Date　　　my-oto-mo　　Recording

%

DAY 201 🎧145

Date　　　my-oto-mo　　Recording

%

DAY 204

🎧146
フィッツジェラルドの言葉

Today's Lines ▶ Quotes［名言］

"Whenever you feel like criticizing anyone, just remember that all the people in this world haven't had the advantages that you've had."
—F. Scott Fitzgerald

▼
「人を批判したいような気持ちになったときにはいつでも、この世の中の人がみんな、あなたと同じように恵まれているわけではないということを思い出しなさい」
—F・スコット・フィッツジェラルド

▶ **解説**
whenever SV 〜で「SがVするときはいつでも」を意味します。関連して、wherever SV（SがVするのはどこでも）、whoever SV（SがVするのは誰でも）などの表現も覚えておきましょう。criticizeは「〜を批判する」、advantageは「強み、優位」。

▶ **音読ポイント**
you've は you have が短縮された形。「**ユゥヴ**」と発音し、ve「**ヴ**」の音は前歯で下唇を軽くかみ発音しましょう。

Useful Tidbits
F・スコット・フィッツジェラルドはアメリカの作家。**有名な著作に、The Great Gatsby**（『**グレート・ギャツビー**［邦題：華麗なるギャツビー］』）があります。これはアメリカ文学を代表する作品の1つとして、世界的に高い評価を得ています。

Date	STEP 0 Check	STEP 1 Listen	STEP 2 Overlap	STEP 3 Shadowing	STEP 4 my-oto-mo
/					%
	STEP 5 Recording				

DAY 205

🎧147 相手の意見を知りたいとき

Today's Lines ▶ **Business Conversations** ［ビジネス英会話］

A: This package design looks good. It should appeal to young women. What's your opinion, Tom? 🎙

B: Well, I agree with you, but I want to take a look at another pattern. We really need a logo that says "this product is outstanding." 🎙

A: That seems like a good idea. 🎙

▼
A：このパッケージデザイン、いいね。若い女性が気に入ってくれるはず。あなたはどう思う、トム？

B：そうだね、僕も同意だけど、別のパターンも見てみたいな。「この商品はほかよりも優れている」とわかるようなロゴがいいんだ。

A：それはいいアイデアだと思うわ。

▶ 解説

相手の意見を尋ねるときは、**What's your opinion?（あなたの意見はどうですか？）** という表現が使えます。What's your opinion on ～?（～に関してあなたの意見はどうですか？）と、on を続けて尋ねたい内容を詳しく述べることもできます。appeal to ～は「～の気に入る、～の興味を引く」、product は「商品」。

▶ 音読ポイント

pattern は pa「パ」にアクセントを置き、「パターン」と発音します。カタカナ英語につられて、「タ」の音を強く読んでしまわないよう要注意。

Useful Tidbits

形容詞 outstanding は多義語の1つ。本文で使われている「優れている」という意味だけでなく、「目立っている」や「未払いの、未決定の」という意味を表すこともあります。outstanding invoice は「未払いの請求書」を意味します。

Date	STEP 0 Check	STEP 1 Listen	STEP 2 Overlap	STEP 3 Shadowing	STEP 4 my-oto-mo
/					%
	STEP 5 Recording				

DAY 206 | 🎧148
STEAM 教育

STEAM education is a teaching approach that combines science, technology, engineering, art, and math. To cultivate individuals capable of contributing to the advancement of science and technology in the future, this approach is considered to be important.

▼

STEAM 教育とは、科学、技術、工学、芸術・リベラルアーツ、そして数学を組み合わせた教育手法です。将来、科学技術の発展に貢献できる人材を育成するために、この手法が重要であると考えられています。

▶ 解説

be considered to be 〜は、「〜だと考えられている」という意味の表現。一般的に認識されていることを話すときに、この表現を使います。同じ意味の表現に、*be* thought to be 〜（〜だと思われている）があります。approach は「手法」、cultivate は「〜を養成する」、capable of *doing* 〜は「〜する能力がある」。

▶ 音読ポイント

math の th は、上下の前歯で舌先を挟んで発音します。**前歯で舌先を挟みながら、息を「スーッ」と吐く意識で読みましょう。**カタカナの「ス」とは似て非なる発音です。

Useful Tidbits

STEAM 教育は、5つの理数・創造性教育を取り入れた教育手法のこと。2000年代後半にアメリカの技術科教師ジョーゼット・ヤークマン氏によって提唱されました。急速な技術の発展で社会が変化しており、文系や理系の枠にとらわれずさまざまな能力を育成すべきだという考えから、日本の文部科学省もこの教育アプローチを積極的に推進しています。

Date	STEP 0 Check	STEP 1 Listen	STEP 2 Overlap	STEP 3 Shadowing	STEP 4 my-oto-mo
/			回	回	回	%

	STEP 5 Recording	

DAY 207 | 🎧149 電話で注文をするとき

149

Today's Lines ▶ Daily Conversations ［日常英会話］

A: Hi, Shibu Meat. 🎤

B: Hi. I'd like to place an order for pick-up. 🎤

A: Sure. May I have your name and your phone number first? 🎤

B: I'm Himeno Kudo, and my phone number is 012-555-0024. 🎤

A: Alright. Could I take your order? 🎤

B: Sure. Could I have ten roasted chickens? 🎤

▼

A：こんにちは、シブミートです。
B：もしもし。テイクアウトの注文をしたいのですが。
A：かしこまりました。お先にお名前とお電話番号を教えていただけますか？
B：クドウヒメノと申しまして、電話番号は012-555-0024です。
A：承知いたしました。ご注文をお伺いできますか？
B：はい。ローストチキンを10羽いただけますか？

▶ **解説**

「テイクアウトの注文をしたいです」と電話で伝えるときは、I'd like to place an order for pick-up. という表現を使います。ちなみにデリバリー（自宅配達）を頼む場合は、pick-up の部分を delivery に変えればOK。また、具体的な食べ物や飲み物の名前を伝えて注文するときは、Could I have 〜?（〜をいただけますか？）という表現が重宝します。

▶ **音読ポイント**

roasted は roa「ゥロゥ」の部分にアクセントを置き、「ゥ゚ロ゚ゥ゚ステ゚ィッ（ドゥ）」と発音します。l「エル」と r「アール」の音を区別するために口をすぼめて「ゥ」から発音しましょう。

Useful Tidbits

飲食店での注文に関連して、「店内でお召し上がりですか、それともお持ち帰りにいたしますか？」は、英語で For here or to go? と言います。直訳すると「ここにしますか、それとも（家に）行きますか？」という意味。シンプルですが、よく使われる表現です。

Date	STEP 0 Check	STEP 1 Listen	STEP 2 Overlap	STEP 3 Shadowing	STEP 4 my-oto-mo
/			🔁	🔁	🔁
	STEP 5 Recording				%

DAY 208 | 🎧150 モモの物語 30

During the transcontinental trip, Momo enjoyed looking at the beautiful American landscapes from the car window.🎙 She also enjoyed eating dinner with her family inside the camper van every single night.🎙

▼
大陸横断の旅の間、モモは車窓から見えるアメリカの美しい景色を眺めたり、毎晩毎晩キャンピングカーの中で家族と夕食を食べたりして楽しみました。

▶ 解説
enjoy *doing* は「〜して楽しむ」という意味の表現。本文では、enjoyed looking at 〜（〜を見て楽しんだ）と enjoyed eating（〜を食べて楽しんだ）という2つの内容が述べられています。transcontinental は「大陸横断の」、landscape は「景色、風景」。

▶ 音読ポイント
trip は「トリップ」ではなく「チュリップ」と読みます。「チュ」の部分は口をすぼめて発音しましょう。

Useful Tidbits
1869年、アメリカで最初の大陸横断鉄道が開通しました。アメリカの中西部にあるネブラスカ州のオマハと西部にあるカリフォルニア州のオークランドを結んだ鉄道で、これは西部開拓を大きく促進するきっかけになりました。

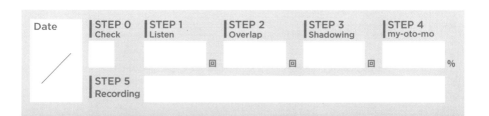

Date	STEP 0 Check	STEP 1 Listen	STEP 2 Overlap	STEP 3 Shadowing	STEP 4 my-oto-mo
/					%

	STEP 5 Recording	

DAY 209 - 210
5日間のおさらい

下記のDAYの音読を再度行いましょう。
それぞれ自分の音読をmy-oto-moで判定してベストスコアを
書き込みましょう。また、再度録音してみて、その気づきを
Recording欄に書き込んでおくと今後の参考になります。

DAY 204 🎧 146
Date　　my-oto-mo　Recording

%

DAY 205 🎧 147
Date　　my-oto-mo　Recording

%

DAY 206 🎧 148
Date　　my-oto-mo　Recording

%

DAY 207 🎧 149
Date　　my-oto-mo　Recording

%

DAY 208 🎧 150
Date　　my-oto-mo　Recording

%

DAY 211

🎧151
服に飲み物をこぼして

Today's Lines ▷ Daily Conversations ［日常英会話］

A: Oh no, I got coffee on my shirt! 🎤

B: Are you okay? Here, use this paper towel. 🎤

A: Thanks. This was my favorite shirt! I wonder if it will come out. 🎤

B: Maybe you should take it to the cleaners. 🎤

▼
A：しまった、シャツにコーヒーをこぼしちゃった！
B：大丈夫？　ほら、この紙タオルを使って。
A：ありがとう。このシャツお気に入りだったのに！
　　染みが落ちるか心配だわ。
B：もしかしたらクリーニングに出したほうがいいか
　　もね。

▶ 解説

I got coffee on my shirt！（シャツにコーヒーをこぼしてしまいました！）という表現を覚えましょう。get の代わりに spill（〜をこぼす）という動詞を使うことも（過去形は spilt）。Maybe you should 〜. は「もしかしたら〜したほうがいいかもしれません」という丁寧な提案表現。come out は「（染みなどが）落ちる」。

▶ 音読ポイント

shirt は「シャツ」ではなく、「シャァーッ（トゥ）」と発音します。sh の部分は舌を口の天井に近づけながら、空気を出すイメージ。t は「ツ」とはっきり発音せず、舌を上の歯の裏にあてましょう。

Useful Tidbits

take *A* to the cleaners で「Aをクリーニングに出す」という意味。反対に、pick up *A* from the cleaners は「Aをクリーニング屋に取りに行く」という意味になります。

Date	STEP 0 Check	STEP 1 Listen	STEP 2 Overlap	STEP 3 Shadowing	STEP 4 my-oto-mo
/		回	回	回	%

	STEP 5 Recording	

DAY 212

🎧152 新しい社員の噂

A: Have you heard about the new team member? She used to be a team lead at her previous company. 🎤

B: Yeah, I heard she has a lot of experience in management. I can't wait to meet her. 🎤

▼
A：新しいチームメンバーのことは聞きましたか？ 彼女は前の会社でチームリーダーだったようです。
B：ええ、マネジメント経験が豊富だと聞きました。彼女に会うのが待ち遠しいです。

▶ **解説**

Have you heard about 〜?（〜について聞きましたか?）は、あるニュースや噂について話をしたいときに使う表現です。また、I can't wait to *do* 〜. は「早く〜したい、〜するのが待ち遠しい」という表現で、物事を楽しみにしていることを伝えることができます。used to be 〜は「かつては〜だった」、lead は「先導者」、previous は「前の」。

▶ **音読ポイント**

at her は「アット ハー」とはっきり発音せず、「アッダー」のようにつなげて読みましょう。

Useful Tidbits

「経験豊富な」を表す単語には、experienced や seasoned などがあります。seasoned は「ベテランの」という意味合いが強い単語です。一方で「経験がない」であれば、inexperienced（未経験の）で表せます。

Date	STEP 0 Check	STEP 1 Listen	STEP 2 Overlap	STEP 3 Shadowing	STEP 4 my-oto-mo
/			回	回	回	%
	STEP 5 Recording				

DAY 213 | 🎧153
オルタナティブ教育

Today's Lines General Interest Topics［一般的な関心事］

Alternative education refers to non-traditional learning approaches and settings, such as homeschooling, online courses, and specialized programs. 🎙 It is an alternative to traditional schooling and offers diverse educational options beyond conventional schooling systems. Various forms of education exist in many countries. 🎙

▼
オルタナティブ教育とは、ホームスクール、オンライン授業、専用プログラムなどの非伝統的な学習アプローチや環境を指します。これは伝統的な学校教育に代わるものであり、従来の学校教育の枠を超えた多様な教育の選択肢を提供します。多くの国で、さまざまな形態の教育が存在します。

▶ **解説**
オルタナティブ教育（代替教育）とは、独自の理念と教育方針によって行われる、伝統的な学校教育以外の教育手法のこと。**refer to 〜**は「〜を指す、〜を表す」という意味の表現で、本文のように聞き慣れない・難しい概念を説明するときにも使えます。diverse は「多様な」、conventional は「従来の、伝統的な」。

▶ **音読ポイント**
offer は o にアクセントを置き、「ア」と「オ」の中間の音で「オファー」と発音しましょう。ff の「フ」の発音は、上の前歯を下唇につけ、喉を鳴らさず息をこすって出すイメージです。

Useful Tidbits
さまざまな種類があるオルタナティブ教育。その中の1つが、「子どもには自分で自分を教育する、育てる力（＝自己教育力）がある」という考えに基づいた「モンテッソーリ教育」です。大人は子どもたちを指導するのではなく、「見守る」姿勢を大切にします。

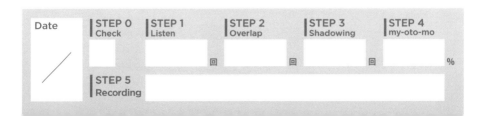

Date	STEP 0 Check	STEP 1 Listen	STEP 2 Overlap	STEP 3 Shadowing	STEP 4 my-oto-mo
/					%

STEP 5 Recording

DAY 214

🎧154
両方欲しがると

Today's Lines ▷ Proverbs [ことわざ]

If you chase two rabbits, you will lose them both.

▼
二兎を追う者は一兎も得ず

▶ 解説
直訳すると「もしあなたが2匹のウサギを追えば、両方とも失うだろう」。つまり、「二兎を追う者は一兎も得ず」ということわざです。**lose** は「〜を失う」という意味の動詞。「（試合など）に負ける」という意味以外でも用いられることを覚えておきましょう。

▶ 音読ポイント
both は o にアクセントを置き、「ボォウス」と発音します。th は舌を上下の歯で挟み、空気を吐き出す発音になります。

Useful Tidbits
今日はウサギに関連するトリビアを。the rabbit's foot（ラビッツ・フット。ウサギの後ろ足に留め具を取りつけて加工したもの）は幸運をもたらすお守りとして、アメリカやイギリスなどでかつて流行していました。近年では、フェイクファーを用いたキーホルダーの形で売られています。

Date	STEP 0 Check	STEP 1 Listen	STEP 2 Overlap	STEP 3 Shadowing	STEP 4 my-oto-mo
/					%
	STEP 5 Recording				

DAY 215 🎧155 モモの物語 31

Suddenly, Momo remembered the time when she lived in Japan. 🎤
"Mom and Dad used to take me for a drive with Oto, and we drove along a country road... 🎤 There was really nothing to see, but it was a peaceful place..." 🎤

▼
そして突然、モモは日本に住んでいた頃のことを思い出しました。
「ママとパパが昔、オトと一緒によくドライブに連れて行ってくれたなあ。田舎道をドライブしたりなんかして…。見るものは本当になんにもなかったけど、のどかな場所だったなあ…」

▶ 解説

used to do（［今はそうではないが］以前はよく〜した）は、過去の習慣について表す表現です。モモはアメリカにいる今、昔日本で家族と田舎道をドライブしたという、過去の習慣に思いをはせています。suddenly は「突然」、peaceful は「穏やかな」。

▶ 音読ポイント

drive は「ジュライヴ」、drove は「ジュロゥヴ」と読みます。どちらも ve で終わる単語なので、上の前歯を下唇にあて、「ブ」ではなく「ヴ」と発音しましょう。

Useful Tidbits

日本での思い出を懐かしむモモに関連して、今日は「懐かしさ」にまつわる英語表現を。「懐かしい」を表す表現は、nostalgic（郷愁の、懐かしく思っている）やA bring[s] back memories（A はさまざまな思い出をよみがえらせる＝懐かしい）などがあります。

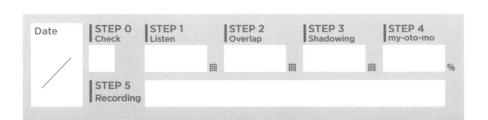

Date	STEP 0 Check	STEP 1 Listen	STEP 2 Overlap	STEP 3 Shadowing	STEP 4 my-oto-mo
/			回	回	%
	STEP 5 Recording				

DAY 216 - 217
5日間のおさらい

下記のDAYの音読を再度行いましょう。
それぞれ自分の音読をmy-oto-moで判定してベストスコアを
書き込みましょう。また、再度録音してみて、その気づきを
Recording欄に書き込んでおくと今後の参考になります。

DAY 211 🎧 151

Date　　　　my-oto-mo　　Recording

%

DAY 212 🎧 152

Date　　　　my-oto-mo　　Recording

%

DAY 213 🎧 153

Date　　　　my-oto-mo　　Recording

%

DAY 214 🎧 154

Date　　　　my-oto-mo　　Recording

%

DAY 215 🎧 155

Date　　　　my-oto-mo　　Recording

%

DAY 218 | 🎧156 相手に確認するとき

Today's Lines | Business Conversations［ビジネス英会話］

A: Sam, I'd like to confirm one thing. 🎙

B: Sure. 🎙

A: Does the design have to be finished by next Tuesday or Friday? 🎙

B: By Friday. But more specifically, the draft must be sent to the client by Tuesday, and the final version must be finalized by Friday. 🎙

▼
A：サム、1つ確認したいことがあるんだけど。
B：もちろん。
A：デザインは来週の火曜日までに完成させなければいけないんだっけ？　それとも、金曜日まで？
B：金曜日までだよ。でももっと具体的に言えば、火曜日までに草案をクライアントに送って、金曜日までに最終版を確定させなければならないんだ。

▶ 解説

相手に何か確認したいときは、**I'd like to confirm one thing.**（1つ確認したいことがあります）という表現を使います。いくつか確認したいときは、I'd like to confirm a few things. と表現すればOK。specifically は「具体的に言えば」、draft は「草案」、finalize は「～を仕上げる、～を終わらせる」。

▶ 音読ポイント

Does the design ～から始まるセリフは、「Aですか、それともBですか？」を意味する選択疑問文。Tuesday と Friday という2つの選択肢をほかの単語よりも強調して読みましょう。

Useful Tidbits

「期限」を意味する英単語はたくさんあります。一般的に「締め切り」を意味するものは deadline や due date。ただし、**due date** よりも **deadline** のほうが（締め切りが）**厳格なイメージ**を与えます。ほかにも、「賞味期限」は best-before date、「消費期限」は expiration date のように表します。

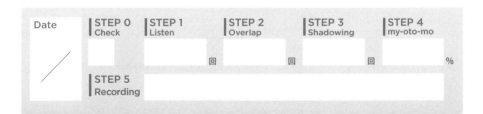

Date	STEP 0 Check	STEP 1 Listen	STEP 2 Overlap	STEP 3 Shadowing	STEP 4 my-oto-mo
／					%
	STEP 5 Recording				

DAY 219

🎧157
繊細な人たち

Today's Lines ▶ General Interest Topics［一般的な関心事］

A highly sensitive person, often abbreviated to HSP, refers to a person who tends to be very sensitive to his or her surroundings. HSPs are often thought to be easily stressed.

▼
HSPと省略されることの多いhighly sensitive personとは、周囲の環境に非常に敏感な傾向がある人を指します。HSPの人たちはストレスを感じやすいとしばしば考えられています。

▶ **解説**
tend to *do[be]* は、「〜をする（である）傾向のある」を意味する表現。sensitive は「敏感な」、abbreviated to 〜は「〜と省略される」、surroundings は「環境」、easily stressed は「ストレスを感じやすい」。

▶ **音読ポイント**
easily の発音は、ずばり「イーズィリィ」。si の部分が「ズィ」と濁ります。

Useful Tidbits
米国の心理学者であるエレイン・N・アーロン博士がHSPという概念を提唱しました。統計学的には、全人口の15〜20パーセントにあたる、約5人に1人がHSPであると考えられています。

Date	STEP 0 Check	STEP 1 Listen	STEP 2 Overlap	STEP 3 Shadowing	STEP 4 my-oto-mo
/					%
	STEP 5 Recording				

DAY 220 | 🎧158 ベートーヴェンの言葉

"Anyone who tells a lie has not a pure heart, and cannot make a good soup."

—Ludwig van Beethoven

▼
「嘘をつく人は誰もが純粋な心を持たず、おいしいスープを作ることもできない」
—ルートヴィヒ・ヴァン・ベートーヴェン

▶ 解説

ベートーヴェンの食へのこだわりが表れた名言。**tell a lie**（嘘をつく）という表現を覚えておきましょう。Don't tell a lie!（嘘つかないでよ!）のように使うこともあります。ここでの has not は doesn't have という意味の古い表現です。pure は「純粋な」。

▶ 音読ポイント

cannot は「キャン ノット」ではなく「**キャノッ（トゥ）**」とつなげて読むことがポイント。最後のtを弱く発音することを意識しましょう。

Useful Tidbits

ドイツの作曲家であるベートーヴェンの好物の1つは、卵を入れてよく煮込んだスープだったんだとか。この名言にも好物の**soup**（スープ）という言葉が入っていますね。

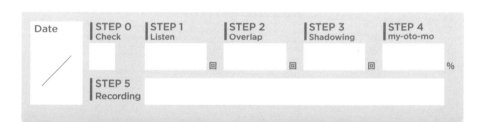

Date	STEP 0 Check	STEP 1 Listen	STEP 2 Overlap	STEP 3 Shadowing	STEP 4 my-oto-mo
/					%

STEP 5 Recording	

DAY 221

🎧159 おすすめの料理教室

Today's Lines ▶ Daily Conversations [日常英会話]

A: Do you know of any cooking schools you would recommend? I really want to learn how to cook. 🎤

B: Well, you are asking the right person. I recently started going to the Crara Cooking School. There are many classes for beginners there. 🎤②

▼

A：おすすめの料理教室って知ってる？　とても料理を習いたいの。

B：おお、いい人に聞いたね。最近、クララ料理教室に通い始めたよ。そこには初心者向けのクラスがたくさんあるんだ。

▶ **解説**

Do you know of any ～? は「～を知っていますか?」という意味の表現。とある場所や人物などの情報を知っているかどうか、相手に尋ねることができます。You are asking the right person. は直訳すると「あなたは正しい人物に聞いています」、つまり「私に聞いて正解です」というニュアンスを表します。

▶ **音読ポイント**

rightのrは、日本人が苦手とする発音。「ゥライ（トゥ）」と、「ラ」の前に小さな「ゥ」を入れ、舌をどこにもつけずに発音してみましょう。

Useful Tidbits

英語で「初級者」を意味する単語はbeginner。I am studying English, but I am just a beginner.（私は勉強をしていますが、まだ初級者です）のように使います。関連して、中級者はintermediate、上級者はadvancedで表します。

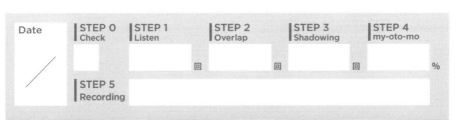

Date	STEP 0 Check	STEP 1 Listen	STEP 2 Overlap	STEP 3 Shadowing	STEP 4 my-oto-mo
/					%
	STEP 5 Recording				

DAY 222

🎧160
モモの物語 32

The car continued its journey along the old Route 66, and the family arrived in Chicago.
Dad said,
"We're finally in Chicago!" 🎤
They got out of the car and enjoyed some window shopping together. 🎤

▼
その後、車は旧国道66号線沿いの旅を続け、一家はシカゴに到着しました。お父さんが言いました。
「ついにシカゴに着いたぞ！」
彼らは車を降り、皆でウィンドーショッピングを楽しみました。

▶ **解説**

along は「〜に沿って」を意味する前置詞です。walk along the river（川沿いを歩く）、drive along a country road（田舎道に沿って車で走る）などの表現ができます。journey は「旅」、finally は「ついに」。

▶ **音読ポイント**

長い旅を経て「ついに」シカゴに着いたということを強調するために、finally「ファイナリィ」の部分を強く読みましょう。

Useful Tidbits

66号線は、西部のサンタモニカと中東部のシカゴを結んでいた旧国道。イリノイ州、カリフォルニア州をはじめとした合計8州を結ぶ長い国道でした。やがて高速道路が発達し、66号線は1985年に廃線となりました。

Date	STEP 0 Check	STEP 1 Listen	STEP 2 Overlap	STEP 3 Shadowing	STEP 4 my-oto-mo
/					%
	STEP 5 Recording				

DAY 223 - 224
5日間のおさらい

下記のDAYの音読を再度行いましょう。
それぞれ自分の音読をmy-oto-moで判定してベストスコアを
書き込みましょう。また、再度録音してみて、その気づきを
Recording欄に書き込んでおくと今後の参考になります。

DAY 218 🎧 156
Date   my-oto-mo   Recording

%

DAY 219 🎧 157
Date   my-oto-mo   Recording

%

DAY 220 🎧 158
Date   my-oto-mo   Recording

%

DAY 221 🎧 159
Date   my-oto-mo   Recording

%

DAY 222 🎧 160
Date   my-oto-mo   Recording

%

DAY 225

🎧161
散らかった部屋

A: Where are you going? Did you tidy up your room already? 🎤

B: Umm, no. I'm going to the mall with Mike. 🎤

A: Are you going to leave your room that messy? 🎤

B: Alright, I promise I'll clean my room when I get back. 🎤

▼
A：どこに行くの？　自分の部屋はもう掃除したの？
B：えーと、してない。マイクとショッピングモールに
　　行く予定なんだ。
A：部屋をあんなに散らかしたままにしておくつもり？
B：わかったよ、帰ってきたら掃除するって約束するよ。

▶ **解説**

相手に約束をするときは、I promise I'll do 〜（〜することを約束
します）という表現を使います。未来を表す will の後ろに、約束す
る内容を続けましょう。tidy up 〜は「〜を片づける」、mall は「ショッ
ピングモール」、〈leave ＋ A ＋形容詞〉は「A を〜の状態のま
まにしておく」。

▶ **音読ポイント**

that messy「ダッメッスィ」の that を強調して読むと、「あんな
に」というニュアンスが強くなります。

Useful Tidbits

messy は「(部屋などが)
散らかった」を意味する単
語ですが、messy hair (ぼ
さぼさの髪) のように、髪
の毛に対しても使えます。
「乱れた状態」というイメー
ジで覚えておきましょう。

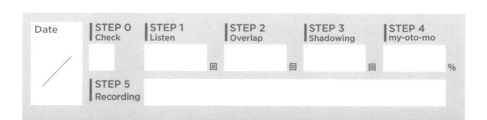

Date	STEP 0 Check	STEP 1 Listen	STEP 2 Overlap	STEP 3 Shadowing	STEP 4 my-oto-mo
/					%
	STEP 5 Recording				

DAY 226

🎧162
間違っていたら

A: Correct me if I'm wrong, but isn't our quarterly sales report due next week? 🎤

B: You're absolutely right. We need to compile the data and finish the report by then. This report should be our first priority. 🎤

▼
A：私が間違っていたら訂正してほしいのですが、四半期の売上報告書は来週が提出期限ではないのですか？

B：あなたが完全に正しいです。そのときまでにデータをまとめて、報告書を完成させなければいけません。この報告書を最優先にしましょう。

▶ 解説

Correct me if I'm wrong, （私が間違っていたら訂正してほしいのですが）は、相手に自分の意見・認識を伝える前にワンクッション置く表現。この表現のあとに自分の考えていることを続けることで、やわらかい言い方になります。due は「期限の」、absolutely は「完全に、まったく」、compile は「～をまとめる」、priority は「優先事項」。

▶ 音読ポイント

wrongは「ゥロォン（グ）」と発音します。口を「ウ」の形にしたまま、「ゥロ」と言いましょう。ngは「グ」とはっきり発音するのではなく、舌のつけ根で音を止めるようにします。

Useful Tidbits

Absolutely! は、何かを頼まれたときに「もちろん!」と伝える返答として使うこともできます。Totally.（もちろん）やCertainly.（承知しました）も同様に使うことができます。

Date	STEP 0 Check	STEP 1 Listen	STEP 2 Overlap	STEP 3 Shadowing	STEP 4 my-oto-mo
/			回	回	%
	STEP 5 Recording				

DAY 227

🎧163
シンギュラリティ

The technological singularity is a hypothetical point when artificial intelligence surpasses human intelligence, potentially leading to exponential and uncontrollable technological advancement. 🔈 This could bring about a profound transformation of society, including the replacement of some jobs by artificial intelligence. 🎤

▼

技術的特異点（シンギュラリティ）とは、人工知能が人間の知能を越えるという仮想の時点のことで、急激かつ制御不能な技術的進歩につながる可能性を秘めています。これにより、一部の仕事が人工知能に取って代わられるなど、社会に大きな変革がもたらされる可能性があります。

▶ 解説

シンギュラリティとはAI（artificial intelligence）が人類の知能を超える転換点、またそれによりAIがもたらす世界の変化を示す概念のこと。bring about 〜は「〜をもたらす」という意味で、後ろに引き起こされる結果が続きます。exponential は「指数関数的な」という意味で、成長などが「急激である」ことを表します。

▶ 音読ポイント

hypothetical は、「ハˊイポセˋティカゥ」と読み、「ハ」と「セ」の2つにアクセントを置きます。th は舌を上下の歯で挟み、空気を吐き出すように発音します。

Useful Tidbits

シンギュラリティとは数学者ヴァーナー・ヴィンジ氏により最初に広められ、さらにアメリカの人工知能研究の権威であるレイ・カーツワイル氏も提唱する概念です。シンギュラリティを肯定する著名人もいれば、シンギュラリティは訪れないと否定する人もいます。

Date	STEP 0 Check	STEP 1 Listen	STEP 2 Overlap	STEP 3 Shadowing	STEP 4 my-oto-mo
/					%
	STEP 5 Recording				

DAY 228

🎧164
オスカー・ワイルドの言葉

"It is absurd to divide people into good and bad. People are either charming or tedious."

—Oscar Wilde

▼
「人間のことを、善人か悪人かに分類するのは馬鹿げたことだ。人というのは魅力があるか退屈かのいずれかなのである」
—オスカー・ワイルド

▶ 解説

人や物事を特定の属性に分類するときは、divide A into B（AをBに分類する）という表現が使えます。さらにeither A or Bは「AかBのどちらか一方」という意味で、選択肢がAかBの2つしかないことを示しています。absurdは「ばかげた」、charmingは「魅力的な」、tediousは「退屈な」。

▶ 音読ポイント

absurdは「アブサァ（ドゥ）」と読むイメージです。アクセントは「サァ」に置き、このとき舌の先を上の歯の裏に近づけて発音しましょう。

Useful Tidbits

オスカー・ワイルドはアイルランド出身の作家、劇作家。最初のモダニズム作家のうちの1人で、多くの作品を生み出しました。代表作には、『幸福な王子』や『サロメ』などが挙げられます。

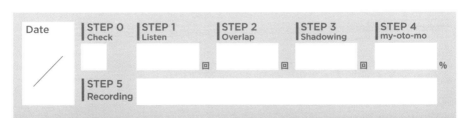

Date	STEP 0 Check	STEP 1 Listen	STEP 2 Overlap	STEP 3 Shadowing	STEP 4 my-oto-mo
/		回	回	回	%
	STEP 5 Recording				

DAY 229 | 🎧165 モモの物語 33

Today's Lines | Stories［物語］

Suddenly, Momo noticed a rainbow-colored egg displayed in a boutique's showcase.
She didn't find it strange anymore. 🎤
"The next journey is about to begin," she thought.
She approached the egg. 🎤

▼
不意に、モモはブティックのショーケースに虹色の卵が置いてあることに気づきました。
モモはもう、それを見て不思議には思いませんでした。
「次の旅が始まるんだ」彼女はそう思いました。
モモは卵に近づきました。

▶ 解説
find A strange は「Aを不思議に思う」という意味の表現です。本文では、didn't find it strange「それ（＝虹色の卵）を不思議に思わなかった」と表されています。strange の部分をほかの形容詞に変えて、find A difficult（Aを難しいと思う）、find A cool（Aをかっこいいと思う）などと言うこともできます。display は「〜を展示する」、approach は「〜に近づく」。

▶ 音読ポイント
boutique はフランスから入ってきた言葉です。発音するときは、「ブーティーク」と「ティー」にアクセントを置いて読みましょう。

Useful Tidbits
boutique（ブティック、[婦人服やアクセサリーを売る] 小さな店）のように、フランス語由来の英語はたくさんあります。たとえば、entrée（前菜）やcafé（カフェ）、debut（デビュー、初舞台）、résumé（レジュメ、履歴書）などがその例です。

Date	STEP 0 Check	STEP 1 Listen	STEP 2 Overlap	STEP 3 Shadowing	STEP 4 my-oto-mo
/					%

STEP 5 Recording	

DAY 230 - 231
5日間のおさらい

下記のDAYの音読を再度行いましょう。
それぞれ自分の音読をmy-oto-moで判定してベストスコアを
書き込みましょう。また、再度録音してみて、その気づきを
Recording欄に書き込んでおくと今後の参考になります。

DAY 225 🎧 161

Date　　　my-oto-mo　　Recording

　　　　　　　　　　%

DAY 226 🎧 162

Date　　　my-oto-mo　　Recording

　　　　　　　　　　%

DAY 227 🎧 163

Date　　　my-oto-mo　　Recording

　　　　　　　　　　%

DAY 228 🎧 164

Date　　　my-oto-mo　　Recording

　　　　　　　　　　%

DAY 229 🎧 165

Date　　　my-oto-mo　　Recording

　　　　　　　　　　%

DAY 232

🎧166
オフィスを持たない企業

Today's Lines General Interest Topics ［一般的な関心事］

With the increase in telecommuting, many companies have begun to opt out of having a physical office. 🎤 The advantages of not having an office include saving on commuting costs and office rent, as well as giving employees the flexibility to work from any location. 🎤

▼
在宅勤務の増加に伴い、多くの企業が物理的なオフィスを持たないという選択をし始めました。オフィスを持たないことのメリットには、場所を選ばず柔軟に従業員が仕事ができることはもちろん、通勤費やオフィスの賃料を節約できることも含まれます。

▶ 解説

telecommuting は「在宅勤務、テレワーク」を意味する言葉。「在宅勤務をする」という表現には、ほかにも telecommute、work from home、work remotely などがあります。remotely は「離れて、遠隔で」を意味する副詞です。opt out of *doing* は「〜しないことに決める」、advantage は「メリット」、flexibility は「柔軟性」。

▶ 音読ポイント

「物理的な」を意味する physical は、「**フィジカゥ**」と読みます。最初の phy は、上の前歯を下唇に軽くかむようにあて、「フィ」と息を出して発音します。

Useful Tidbits

BYOD という言葉をご存じですか？ これは **Bring Your Own Device** の頭文字をとったもので、直訳すると「自分のデバイスを持ち込む」。具体的には、個人が所有するパソコンやタブレット、スマートフォンを業務で使用することを意味します。

Date	STEP 0 Check	STEP 1 Listen	STEP 2 Overlap	STEP 3 Shadowing	STEP 4 my-oto-mo
/					%
	STEP 5 Recording				

DAY 233

🎧167
相手を褒めるとき

A: Great job on the speech at the employee orientation! You sounded great. 🎤

B: Thank you. I was really nervous, but I did well thanks to you. You checked my speech script and gave me a lot of advice. 🎤

A: No problem. 🎤

▼
A：従業員オリエンテーションでのスピーチ、素晴らしかったね！ すごくよかったよ。
B：ありがとう。とても緊張したけれど、あなたのおかげでうまくいったよ。スピーチの原稿をチェックしてくれて、たくさんアドバイスしてくれたしね。
A：いえいえ。

▶ 解説

相手の成果を褒めるときに使うのが、Great job on 〜.（〜は素晴らしかったね）という表現。目上の人に対して使うとやや偉そうな印象を与えるため、主に同僚や後輩に対して使います。上司に対しては、I learned so much from your speech.（あなたのスピーチからたくさん学ぶことができました）のように伝えましょう。

▶ 音読ポイント

advice は「助言」を意味する名詞。vi「ヴァイ」の部分にアクセントを置いて、「アドゥヴァイス」と読みましょう。ちなみに advise（〜に助言する）という動詞の場合は、「アドゥヴァイズ」と、末尾が濁って発音されます。

Useful Tidbits

日本人は褒められると「そんなことないですよ」とつい謙遜してしまいますが、アメリカでは Thank you.（ありがとう）と返答するのが自然。ほかにも、You're so sweet.（[褒めてくれるなんて] あなたは優しいね）や、I'm flattered.（そう言っていただけて光栄です）のように返すことも。

Date	STEP 0 Check	STEP 1 Listen	STEP 2 Overlap	STEP 3 Shadowing	STEP 4 my-oto-mo
/		回	回	回	%
	STEP 5 Recording				

DAY 234

🎧168
仲間は静かに語る

A man is known by the company he keeps.

▼
人は交わる友によって知られる

▶ 解説

人を判断するには、どのような人と仲良くしているかを見れば一目瞭然である、という意味のことわざ。Birds of a feather flock together.（同じ羽の鳥は一緒に集まる［= 類は友を呼ぶ］）と似た表現です。company は「会社」ではなく、ここでは「仲間」という意味。また、keep は「（人）と付き合う、（人）と一緒にいる」という意味の動詞です。

▶ 音読ポイント

man の a は「ア」と「エ」の中間の発音をイメージし、「メェァン」と少し伸ばして発音します。一方で、複数形の men は「メン」と短く発音します。

Useful Tidbits

company は、ラテン語の com（ともに、一緒に）と panis（パンを食べる）の合成語に、「仲間」を意味する -y がついてできた単語。**「一緒にパンを食べる仲間」**という意味だとわかると、覚えやすいですね。

Date	STEP 0 Check	STEP 1 Listen	STEP 2 Overlap	STEP 3 Shadowing	STEP 4 my-oto-mo
/					%
	STEP 5 Recording				

DAY 235

🎧169
緊張を伝えるとき

A: I have butterflies in my stomach. What if I make a mistake? 🎤

B: Come on! I know you practiced a lot, so I'm sure you will be fine. 🎤

A: Thanks, I'll do my best. I really should have more self-confidence. 🎤

▼
A：緊張する。ミスしちゃったらどうしよう？
B：大丈夫だって！　たくさん練習したんだから、問題ないって確信してるよ。
A：ありがとう、頑張る。もっと自分を信じてあげなきゃね。

▶ 解説

I have butterflies in my stomach. は、直訳すると「お腹の中に蝶がいます」。お腹の中でパタパタ蝶が飛び回るように、「**不安や緊張・興奮でドキドキしている、ソワソワしている**」を意味する表現です。make a mistake は「間違いをする」、self-confidence は「自信」。

▶ 音読ポイント

「もし〜ならどうしよう？」を意味する what if は、「**ワリフ**」と発音するイメージ。f の音は喉を震わせず、息をふっと口から出します。

Useful Tidbits

butterfly（蝶）以外にも、虫を使った英語のイディオムはたくさん。具体的には、ハチのような忙しさを表した **as busy as a bee**（とても忙しい）や、アリがズボンの中で動き回っていて落ち着かない様子を表した **have ants in** *one's* **pants**（不安でじっとしていられない）などがあります。

Date	STEP 0 Check	STEP 1 Listen	STEP 2 Overlap	STEP 3 Shadowing	STEP 4 my-oto-mo
/		回	回	回	%
	STEP 5 Recording				

DAY 236

🎧170
モモの物語 34

Momo was in a room. Looking out through the window, she was able to see a beautiful bay and a futuristic view of a city in front of her.🎤 She also saw three skyscrapers in a row with one rooftop connecting all three of them.🎤

▼
気づくと、モモは部屋にいました。窓から外を見ると、美しい湾と近未来的な街並みが目の前に広がりました。3つの高層ビルが一列に並び、それらすべてが屋上でつながっているのも見えました。

▶ 解説
「〜もまた…」と言いたいときは、副詞のalsoを使います。主語と動詞の間に置くことが一般的です。本文でも、主語のSheと動詞 saw の間に also が置かれています。futuristic は「未来の」、skyscraper は「高層ビル」。

▶ 音読ポイント
in a row（一列に）の部分は、音の連結を意識して読みましょう。「イン ア ロウ」ではなく、**単語同士がつながり「イナロウ」**と発音するイメージです。

Useful Tidbits
屋上は英語でrooftop。エレベーターで屋上に行くときに見る「R」のボタンは、このrooftopの頭文字をとっています。ちなみに、B1F などの「B」は basement（地下）、F は floor（〜階）の頭文字。

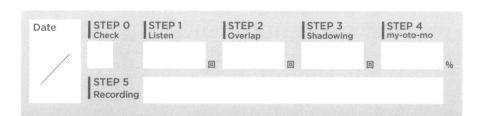

Date	STEP 0 Check	STEP 1 Listen	STEP 2 Overlap	STEP 3 Shadowing	STEP 4 my-oto-mo
/			回	回	回	%
	STEP 5 Recording				

DAY 237-238
5日間のおさらい

下記のDAYの音読を再度行いましょう。
それぞれ自分の音読をmy-oto-moで判定してベストスコアを
書き込みましょう。また、再度録音してみて、その気づきを
Recording欄に書き込んでおくと今後の参考になります。

DAY 232　🎧166

Date　　　　my-oto-mo　　Recording

%

DAY 233　🎧167

Date　　　　my-oto-mo　　Recording

%

DAY 234　🎧168

Date　　　　my-oto-mo　　Recording

%

DAY 235　🎧169

Date　　　　my-oto-mo　　Recording

%

DAY 236　🎧170

Date　　　　my-oto-mo　　Recording

%

DAY 239

🎧171
進捗の確認

A: Could you give me an update on the new project? 🎤

B: Of course. We've made significant progress over the past few weeks. The initial research is complete, and we're now in the planning stage. 🎤

A: That's great to hear. 🎤

▼
A：新しいプロジェクトについての最新情報を教えてくれますか？

B：もちろんです。ここ数週間でかなりの進捗です。初期調査が完了し、計画段階に入りました。

A：それはよかったです。

▶ 解説

仕事の進捗や現在の状況を聞きたいときは、**Could you give me an update on ～?**（～についての最新情報を教えてくれますか？）という表現を使います。give A an update on B で「A に B についての最新情報を伝える」という意味。make progress は「進歩する」、significant は「かなりの」、initial は「初期の」。

Useful Tidbits

出来事の経緯や状況について知りたいとき、**Could you fill me in?**（詳しく教えてくれますか？）という表現を使うことも。fill in ～（～を埋める）という意味から、「私の空白（知らない部分）を補って」、すなわち「詳しく教えて」を意味します。

▶ 音読ポイント

significant 「シグ二フィカン（トゥ）」は「二」にアクセントを置きます。その際、舌を上の前歯の歯茎に軽くあてて発音しましょう。

Date	STEP 0 Check	STEP 1 Listen	STEP 2 Overlap	STEP 3 Shadowing	STEP 4 my-oto-mo
/			回	回	回 %
	STEP 5 Recording				

DAY 240

🎧172

#OscarsSoWhite

#OscarsSoWhite is a social media hashtag and movement that highlights the lack of diversity and representation among nominees and winners of Academy Awards. It particularly criticizes the lack of racial diversity, as the majority of nominees and winners are white.

▼
#OscarsSoWhite は、アカデミー賞の候補者や受賞者における多様性の欠如を強調する SNS 上のハッシュタグ、および運動です。候補者と受賞者の大半が白人であることから、特に人種的多様性の欠如を批判しています。

▶ 解説
2015年、アカデミー賞は主要な演技賞の候補者20人すべてが白人でした。その翌年もノミネートされたのは白人のみ。これに対して人種差別であるとの声が上がり、#OscarsSoWhite（オスカーは白人だらけ）というハッシュタグが誕生しました。representation は「それぞれの属性を代表すること」を意味し、ここでは diversity and representation で「多様性」と訳しています。

▶ 音読ポイント
particularly「パァティキュラリィ」は「ティ」にアクセントを置いて読みましょう。

Useful Tidbits
アカデミー賞を主催する映画芸術科学アカデミーは、投票権を持つ会員の人たちが多様性に欠けると批判を受け、有色人種や女性を中心に新たに会員を選び、2020年までに人種差別を撤廃することを目標にしました。

Date	STEP 0 Check	STEP 1 Listen	STEP 2 Overlap	STEP 3 Shadowing	STEP 4 my-oto-mo
/					%
	STEP 5 Recording				

DAY 241

🎧173
木を投げるウッドチャック

Today's Lines ▶ Tongue Twisters ［早口言葉］

How much wood would a woodchuck chuck if a woodchuck could chuck wood?

▼
もしウッドチャックが木を投げられるとしたら、ウッドチャックはどれだけの木を投げるだろう？

▶ 解説

「ウ」の音を多く含む早口言葉。How much wood（どれだけの木を）、would a woodchuck chuck（ウッドチャックが投げるだろうか）、if a woodchuck could chuck wood（もしウッドチャックが木を投げられるとしたら）という構成になっています。chuckは「〜を投げる」。

▶ 音読ポイント

woodはwで唇を小さく丸め、軽く「ゥッ」と発音します。dは「ド」とはっきり発音せず、舌を口の天井に押しあてて「ウ」の音を止めるように動かしましょう。

Useful Tidbits

ウッドチャックは北アメリカに広く分布するリス科の動物。この名前は、アメリカ先住民の言葉であるwuchak（穴を掘るもの）に由来します。

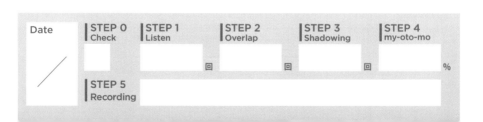

Date	STEP 0 Check	STEP 1 Listen	STEP 2 Overlap	STEP 3 Shadowing	STEP 4 my-oto-mo
/					%
	STEP 5 Recording				

DAY 242

🎧174 話し出す前に

A: Guess what? 🎤

B: What? 🎤

A: I bought you the magazine you really like. This is the one you wanted, right? 🎤

B: Wow! You remembered? That's so nice of you. Thank you! It's really hard to get it in Japan! 🎤

▼

A：ちょっと聞いてよ。

B：なあに？

A：君がすごく好きな雑誌を買って来たんだ。これ、欲しかったやつだよね？

B：わあ！ 覚えていてくれたの？ あなたって優しいわね。ありがとう！ これ、日本で手に入れるのがとても難しいの！

▶ 解説

Guess what? は自分が話し出す前に相手の気を引くフレーズ。直訳すると「何なのか推測してみて」ですが、「ちょっと聞いてよ」というニュアンスを表します。重大なニュースの発表前にも使うことができます。magazine は「雑誌」。

▶ 音読ポイント

get it in Japan の部分は単語がつながって発音されます。カタカナで表すなら、「ゲリリンヂャパン」。何度も練習してみましょう。

Useful Tidbits

相手にサプライズでプレゼントを渡すとき、Ta-da!（じゃじゃーん！）という表現を使うことも。楽器のファンファーレの音を真似たもので、「タダー！」と発音します。

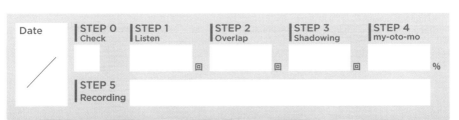

Date	STEP 0 Check	STEP 1 Listen	STEP 2 Overlap	STEP 3 Shadowing	STEP 4 my-oto-mo
/			回	回	回	%
	STEP 5 Recording				

DAY 243 | 🎧175 モモの物語 35

Today's Lines ▷ Stories［物語］

"I think I've seen this town on TV before...🎤
Oh, it must be Marina Bay Sands! Could this
be...?"🎤
As Momo suspected, this time she was in
Singapore.🎤

▼

「前にテレビで見たことがある町だ…。あっ！ あれはマリーナ
ベイ・サンズに違いない！ ここってもしかして…?」
モモの予想通り、今度は彼女はシンガポールにやってきたので
した。

▶ 解説
「〜を以前に見たことがあります」と言いたいときは、I've seen 〜
before. を使います。現在完了の表現で、「（これまでに）〜したこ
とがある」という経験の用法を表しています。bay は「湾」、suspect
は「〜ではないかと推測する」。

▶ 音読ポイント
Could this be...? は「クッディスビィ」ように読みます。「もしか
して…?」という気持ちをこめて読みましょう。

Useful Tidbits

Marina Bay Sands（マリ
ーナベイ・サンズ）は、シ
ンガポールのマリーナベイ
に面した統合型リゾート。
屋上の豪華なプールに加え、
ショッピングやダイニング、
ショーやコンサートまで幅
広い体験ができます。

Date	STEP 0 Check	STEP 1 Listen	STEP 2 Overlap	STEP 3 Shadowing	STEP 4 my-oto-mo
/		◎	◎	◎	%
	STEP 5 Recording				

DAY 244-245
5日間のおさらい

下記のDAYの音読を再度行いましょう。
それぞれ自分の音読をmy-oto-moで判定してベストスコアを
書き込みましょう。また、再度録音してみて、その気づきを
Recording欄に書き込んでおくと今後の参考になります。

DAY 239 🎧171

Date   my-oto-mo   Recording

%

DAY 240 🎧172

Date   my-oto-mo   Recording

%

DAY 241 🎧173

Date   my-oto-mo   Recording

%

DAY 242 🎧174

Date   my-oto-mo   Recording

%

DAY 243 🎧175

Date   my-oto-mo   Recording

%

DAY 246

🎧176

目標達成のためには回り道を

He that would the daughter win, must with the mother first begin.

▼
将を射んと欲すれば先ず馬を射よ

▶ 解説

直訳すると、「娘が欲しいのなら、まず母親から始めよ (＝娘を口説きたいのなら、まず女性の母親を説得せよ)」。つまり、「将を射んと欲すれば先ず馬を射よ (＝大きな目標を達成するには、直接攻めるよりその周りから先に攻めるのが近道である)」という有名なことわざです。本来の語順は "He that would win the daughter, must begin with the mother first." ですが、**win** と **begin** で韻を踏むために語順が入れ替わっています。

▶ 音読ポイント

韻を踏んだwin「ウィン」とbegin「ビギン」を強調してリズムよく読んでみましょう。

Useful Tidbits

「娘」を表す一般的な言葉は **daughter** ですが、「上の娘」と言いたいときは **older daughter**、「下の娘」と言いたいときは **younger daughter** を使います。ちなみに、「孫娘」は**granddaughter**。

Date	STEP 0 Check	STEP 1 Listen	STEP 2 Overlap	STEP 3 Shadowing	STEP 4 my-oto-mo
/					%
	STEP 5 Recording				

DAY 247

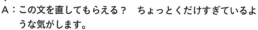 177
修正を頼むとき

Today's Lines | Business Conversations ［ビジネス英会話］

A: Can you revise this sentence? It sounds a little too casual. 🎤

B: I appreciate you checking it. I'm going to change it. 🎤

A: Great. Is it possible to do that by 7:00 p.m. today? 🎤

B: Yes. I'll work on it as soon as possible. 🎤

▼
A：この文を直してもらえる？ ちょっとくだけすぎているよ
　うな気がします。
B：ご確認いただきありがとうございます。修正します。
A：よかった。今日の午後7時までにできそう？
B：はい。できるだけ早く作業します。

▶ 解説

相手に修正を頼む場合、**Can you revise ～?**（〜を修正してもら
えますか？）という表現が使えます。revise は「〜を修正する」と
いう意味。何かを依頼するときは部下や同僚に頼むことが多いため、
丁寧な印象を与える Could ではなく、比較的カジュアルな Can が
使われます。work on ～は「〜に取り組む」、as soon as possible
は「できるだけ早く」。

▶ 音読ポイント

do that の部分は「ドゥーダッ（トゥ）」と単語同士をつなげて読み
ます。do that が含まれたこの文は疑問文なので、語尾の today を
上がり調子で読むことも意識しましょう。

Useful Tidbits

I appreciate ～. と同様に
感謝を伝える表現である、
Thank you.（ありがとう）。
これは語尾に加える言葉に
よってさまざまなニュアン
スを与えることができます。
Thank you as always.
で「いつもありがとう」、
Thank you again. で「あ
らためてありがとう」を意
味します。

Date	STEP 0 Check	STEP 1 Listen	STEP 2 Overlap	STEP 3 Shadowing	STEP 4 my-oto-mo
/					%
	STEP 5 Recording				

DAY 248

🎧178
脳を覚醒させるスマホ

Today's Lines ▶ General Interest Topics［一般的な関心事］

To improve our sleep quality, we should avoid using our smartphones before going to bed. 🎙 This is because the blue light emitted from these devices awakens the brain and reduces the quality of our sleep. 🎙

▼
睡眠の質を高めるには、寝る前のスマートフォンの使用は避けるべきです。なぜなら、機器から発せられるブルーライトは脳を覚醒させ、睡眠の質を低下させるからです。

▶ **解説**
avoid *doing* は「〜することを避ける、〜することを控える」という意味の表現。avoid eating too much food（食べ過ぎないようにする）、avoid taking risks（リスクを負うことを避ける）のように使います。emit は「（光など）を放つ」、awaken は「〜を目覚めさせる」。

▶ **音読ポイント**
This is because から始まる文は the blue light emitted from these devices までが長い主語のかたまりで、awakens と reduces が動詞です。意味のかたまりで区切るために、devices を発音したあとに短いポーズを入れて息継ぎをしましょう。

▶ **Useful Tidbits**
スマホを使う人が増え、**digital detox（デジタル・デトックス）** という言葉が広く知られるようになりました。これはスマホやパソコンなどの電子機器から一定期間意識的に距離を置き、使用を控えて心や体を休める行為のこと。ちなみに detox とは、detoxification（毒素排出）という英単語の略語です。

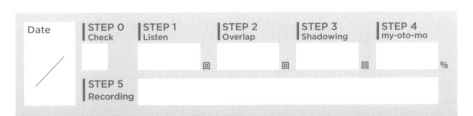

DAY 249

🎧179
ご飯の時間

Today's Lines ▶ Daily Conversations ［日常英会話］

A: **It's already 5:00 p.m. It's time to think about our dinner. Honey, what do you feel like eating?** 🎤

B: **Well, I feel like something spicy. Why don't we go out for dinner? I know a good Korean restaurant.** 🎤

A: **Nice! Let's eat there.** 🎤

▼
A：もう午後の5時だ。そろそろ夕食を考えないと。あなた、何
　　が食べたい？
B：うーん、辛いものの気分。外食するのはどう？　おいしい
　　韓国料理屋を知ってるの。
A：いいね！　そこで食べよう。

▶ **解説**

It's time to *do* 〜. は「〜する時間です」を意味する表現。to の後ろには動詞を続け、It's time to leave.（出発する時間だ）、It's time to decide.（決めるときが来た）のように使います。Why don't we 〜? は「（一緒に）〜しませんか？」と相手を勧誘する表現。

▶ **音読ポイント**

already は、al の部分で「オーゥ」と発音し、そのあと ready「ゥレディ」と発音します。1つの単語ですが、2つの発音に分けて考えるとつっかえずに読めるようになります。

Useful Tidbits

恋人の呼び方を表す英語は Honey のほかにも Baby、Babe、Darling などさまざま。女性から男性に呼びかけるときは Darling（ダーリン）、男性から女性に呼びかけるときは Honey（ハニー）というイメージがあるかもしれませんが、**実は英語圏では男女関係なく使うことができます**。

Date	STEP 0 Check	STEP 1 Listen	STEP 2 Overlap	STEP 3 Shadowing	STEP 4 my-oto-mo
/		回	回	回	%
	STEP 5 Recording				

DAY 250

🎧180
モモの物語 36

A man in the room was talking on the phone. At times, he spoke in English, and at other times, in Chinese or Japanese. After finishing his phone call, he turned to Momo. "Lately, I've been conducting business with many countries."

▼

部屋にいる男性は電話をしていました。彼はあるときは英語で、あるときは中国語や日本語で話していました。
電話が終わると、男性はモモの方へ体を向けました。
「最近、多くの国と取引をしているんだよ…」

▶ 解説

「電話で話す」は talk on the phone で表します。本文では「（男性は）話していた、話しているところだった」と、過去の時点で進行していたことを表しているので、過去進行形の was talking が使われています。lately は「最近」、conduct business with ～は「～と取引を行う」。

▶ 音読ポイント

At times, he spoke in English, （あるときは英語で）という意味のかたまりで一呼吸置き、そのあとに and at other times, in Chinese or Japanese.（あるときは中国語や日本語で）と続けましょう。

Useful Tidbits

1つの言語だけを話す人は monolingual、2言語を話せる人は bilingual、3言語を話せる人は trilingual と呼ばれます。それぞれ、数を表す接頭辞である mono-（1つの）、bi-（2つの）、tri-（3つの）が単語の頭についています。

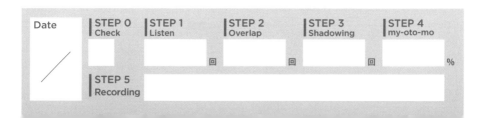

Date	STEP 0 Check	STEP 1 Listen	STEP 2 Overlap	STEP 3 Shadowing	STEP 4 my-oto-mo
/					%
	STEP 5 Recording				

DAY 251-252
5日間のおさらい

下記のDAYの音読を再度行いましょう。
それぞれ自分の音読をmy-oto-moで判定してベストスコアを
書き込みましょう。また、再度録音してみて、その気づきを
Recording欄に書き込んでおくと今後の参考になります。

DAY 246 🎧176

Date　　　　my-oto-mo　Recording

%

DAY 247 🎧177

Date　　　　my-oto-mo　Recording

%

DAY 248 🎧178

Date　　　　my-oto-mo　Recording

%

DAY 249 🎧179

Date　　　　my-oto-mo　Recording

%

DAY 250 🎧180

Date　　　　my-oto-mo　Recording

%

DAY 253

🎧181

一本の釘から

For want of a nail the shoe was lost. For want of a shoe the horse was lost. For want of a horse the rider was lost.

▼
釘一本がないため蹄鉄がなくなった
蹄鉄がないため馬が使えなくなった
馬がないため騎手もいなくなった

▶ 解説

「始めは何でもないように思われるささいな物事が、予期せぬ重大な結果をもたらす」という教訓を伝えることわざです。for want of 〜は「〜がないため、〜が足りないため」という意味。for は理由を表し、want は「不足」という意味で使われています。

▶ 音読ポイント

horse は「ホース」ではなく「ホォス」と読みます。「ホ」とはっきり発音するのではなく、「ホ」の口の形で、息を吐きながら「オ」を発音するイメージです。

Useful Tidbits

英語での馬の鳴き声は「ヒヒーン」ではなく、neigh「ネーイ」と表します。ほかにも犬は「ワンワン」ではなく bowwow「バウワウ」、カエルは「ケロケロ」ではなく ribbit ribbit「リビッリビッ」など、日本語と英語では鳴き声の表し方に大きな違いがあります。

Date	STEP 0 Check	STEP 1 Listen	STEP 2 Overlap	STEP 3 Shadowing	STEP 4 my-oto-mo
/					%
	STEP 5 Recording				

DAY 254

🎧182
新商品の開発

228 ▼ 229

| Today's Lines | Business Conversations [ビジネス英会話] |

A: We're considering expanding our product line. 🎤

B: That sounds like a good idea. Could you provide more details about the new products? 🎤

A: We're thinking about developing organic protein bars. 🎤

B: Organic foods could be a hit. Have you thought about flavors? 🎤

A: Yes, chocolate, peanut butter and mixed berry. 🎤

▼

A：商品ラインナップの拡大を検討しています。
B：それはいいアイデアですね。その新商品の詳細を教えていただけますか？
A：オーガニックのプロテインバーの開発を考えています。
B：オーガニック食品はヒットするかもしれませんね。味については考えましたか？
A：はい、チョコレートとピーナッツバター、そしてミックスベリーです。

▶ 解説

新商品案を伝えている場面。*be* considering *doing*（〜することを検討している）は、これから行おうと考えていることを伝える表現です。*be* thinking about *doing*（〜することを考えている）も同様に、「検討している」というニュアンスで使うことができます。expand は「〜を拡大する」。

Useful Tidbits

「検討している」を表す言葉はほかにもあります。on the table は単に「テーブルの上」ではなく、「（議案・計画などが）検討中」を意味する表現。政治家もよく使う言い回しです。

▶ 音読ポイント

like a good idea はそれぞれの単語の音をつなげて「ライカッグッダイディーア」と読みます。like a「ライカ」を弱めにして、good idea「ッグダイディーア」を強調して発音すると、ぐっとネイティブらしく聞こえます。

Date	STEP 0 Check	STEP 1 Listen	STEP 2 Overlap	STEP 3 Shadowing	STEP 4 my-oto-mo
/					%

| STEP 5 Recording | |

DAY 255

🎧183
フィンテック

"FinTech" is a term derived from combining the words Finance and Technology. 🎤 It refers to the use of innovative technologies to enhance and modernize financial services, making them more efficient and accessible to individuals and businesses. 🎤 Examples include electronic payment services that utilize QR codes for transactions. 🎤

▼
「フィンテック」とは、金融とテクノロジーという言葉の組み合わせに由来する用語です。金融サービスの質を高め、近代化するために革新的な技術を利用することを指し、個人や企業にとって金融サービスをより効率的で、利用しやすいものにしています。その例が、QRコードを取引に利用した電子決済サービスです。

▶ 解説
FinTech「フィンテック」とは、Finance（金融）と Technology（技術、テクノロジー）を組み合わせた造語。銀行や証券などの金融サービスと情報技術を結び付けた、新しいサービスや事業領域のことです。be derived from ～「～に由来する」は言葉の語源・由来を表すときによく使われる表現です。term は「用語」、innovative は「革新的な」、transaction は「商取引」。

▶ 音読ポイント
utilize は「ユゥダライズ」と t の音が少し濁り、「ダ」のような音になる点に注意しましょう。アクセントの位置は u「ユゥ」。

Useful Tidbits
フィンテックの例は、QRコードなどのキャッシュレス決済のほかにも仮想通貨、クラウドファンディングなどが挙げられます。また、**保険や融資などの分野でもテクノロジーを活用する会社**が増えています。「QRコード」は株式会社デンソーウェーブの登録商標で、英語でもQR codeと言います。

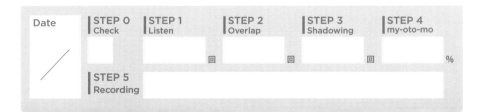

Date	STEP 0 Check	STEP 1 Listen	STEP 2 Overlap	STEP 3 Shadowing	STEP 4 my-oto-mo
/					%
	STEP 5 Recording				

DAY 256

🎧184
パスタに味つけ

A: I feel like something's missing in this pasta. Should we add some garlic to the sauce? ❶

B: Yeah, garlic always gives it extra flavor. How about a few red pepper flakes, too? ❷

A: Good call! Let's add a pinch for some kick. This is going to be delicious! ❸

▼

A：このパスタには何かが足りない気がする。ソースにニンニクを加えたほうがいいかな？

B：そうね、ニンニクは風味を増してくれるからね。赤唐辛子のフレークも入れてみるのはどう？

A：名案だね！ スパイスとしてひとつまみ入れてみよう。これはおいしくなるね！

▶ 解説

add some garlic to the sauce（ソースにニンニクを加える）のように、add A to B（A を B に加える）で何かをつけ加えることを表します。for some kick（スパイスとして）の kick には「刺激、ピリリとした味」という意味があります。extra は「余分の」、red pepper は「唐辛子」、a pinch は「ひとつまみ」。

▶ 音読ポイント

add は「アッ（ドゥ）」と発音します。a にアクセントを置き、口を大きく開けて、「ア」と「エ」の中間の音で発音しましょう。d では舌を上前歯の裏の歯茎に押しあてます。

Useful Tidbits

さまざまな調味料を表す英語表現を学習しましょう。日本料理の基本調味料である「さしすせそ」は、英語では sugar（砂糖）、salt（塩）、vinegar（酢）、soy sauce（醤油）、miso（味噌）です。

Date	STEP 0 Check	STEP 1 Listen	STEP 2 Overlap	STEP 3 Shadowing	STEP 4 my-oto-mo
/					%

STEP 5 Recording	

DAY 257

🎧185
モモの物語 37

Momo had become the wife of the president of a logistics company in Singapore. 🎤

"We've started handling semiconductors from Japan," he said. 🎤

Upon hearing the word 'Japan,' Momo was surprised.

"Products and technology from my own country are circulating around the world like this..." 🎤

▼
モモは、シンガポールの物流会社の社長の妻になっていたのです。
「私たちは日本の半導体を取り扱い始めたんだよ」
彼はそう言いました。
モモは「日本」という言葉を聞いて驚きました。
（自分の国の物や技術がこうして世界に出回っているんだ…）

▶ 解説
start doing は「〜し始める」という意味の表現。「まさに今ちょうど」というニュアンスを加えたいときは、start の前に just「まさに、ちょうど」を置いて表します。handle は「〜を取り扱う」、semiconductor は「半導体」、circulate は「流通する」。

▶ 音読ポイント
president の si の部分は濁って発音されます。「プレジデン(トゥ)」のように読みましょう。

Useful Tidbits
シンガポールは物流だけにとどまらず、観光・技術・製造などの世界的な中心地。毎年世界銀行が発表するLogistics Performance Index（物流パフォーマンス指標）では、その地理的優位性やテクノロジーの発達により、近年シンガポールは上位にランクインしています。

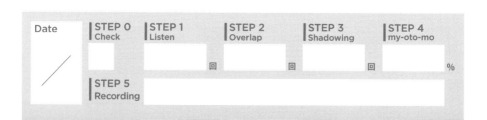

Date	STEP 0 Check	STEP 1 Listen	STEP 2 Overlap	STEP 3 Shadowing	STEP 4 my-oto-mo
/			回	回	回 ___%
	STEP 5 Recording				

DAY 258-259
5日間のおさらい

下記のDAYの音読を再度行いましょう。
それぞれ自分の音読をmy-oto-moで判定してベストスコアを
書き込みましょう。また、再度録音してみて、その気づきを
Recording欄に書き込んでおくと今後の参考になります。

DAY 253 🎧181

Date   my-oto-mo   Recording

%

DAY 254 🎧182

Date   my-oto-mo   Recording

%

DAY 255 🎧183

Date   my-oto-mo   Recording

%

DAY 256 🎧184

Date   my-oto-mo   Recording

%

DAY 257 🎧185

Date   my-oto-mo   Recording

%

DAY 260

🎧186
場所を説明するとき

Thank you for coming to our workplace for the tour today. It seems everyone is here, so I'll show you around our office space. 🎙
... To the right, you'll find our conference room. This is where we usually hold both in-person and virtual meetings. 🎙 And to the left, we have our in-house cafeteria. 🎙

▼
本日は職場見学にお越しいただきありがとうございます。全員集まったようですので、オフィスを案内していきます。
…右手には会議室があります。通常、対面会議とオンライン会議のどちらもここで行います。そして、左手には社内カフェテリアがあります。

▶ **解説**
インターン生向けに、オフィスツアーを開催している場面です。**This is where SV ~.** は「ここはSがVする場所です」という意味の表現。社内カフェテリアについて説明するのであれば、This is where we have lunch.（ここでランチを食べます）のように表すことができますね。show *A* around *B* は「AにBを案内する」、in-house は「社内の」。

▶ **音読ポイント**
rの発音を含むright と、lの発音を含むleft がどちらも入った文章です。**right** は舌を巻いて「ウライ（トゥ）」、**left** をは舌を巻かず「レフ（トゥ）」と発音しましょう。

Useful Tidbits
会議室やカフェテリアのほかに、会社の施設に関する英単語を学習しましょう。覚えておくと便利なのが、**reception room**（応接室）や**supply room**（備品室）、ほかにも**multi-purpose open space**（多目的オープンスペース）など。

Date	STEP 0 Check	STEP 1 Listen	STEP 2 Overlap	STEP 3 Shadowing	STEP 4 my-oto-mo
/		回	回	回	%
	STEP 5 Recording				

DAY 261

🎧187
働くロボット

Today's Lines ▶ General Interest Topics ［一般的な関心事］

Due to the aging of the population and labor shortages, robots are attracting attention worldwide. 🎤 In Japan, catering robots, office reception robots, and nursing-care robots have been introduced by some companies. 🎤 However, the high cost of implementation has led many companies to refrain from introducing them. 🎤

▼
高齢化や人手不足を背景に、世界的にロボットが注目を集めています。日本でも、配膳ロボットやオフィス受付ロボット、介護ロボットなどが一部企業で導入されています。しかし、導入コストが高いことから導入を見送る企業も多くあります。

▶ 解説
due to 〜は「〜が原因で」を意味する表現で、原因・理由を表します。本文では、ロボットが導入されている理由として、the aging of the population and labor shortages（高齢化や人手不足）が挙げられています。aging は「高齢化」を意味する単語で、age（年齢）から来ています。

▶ 音読ポイント
catering robots, office reception robots, and nursing-care robots の部分は、ロボットの種類の具体例を挙げている重要な部分。それぞれ robots という言葉のあとにポーズを入れ、緩急をつけて読みましょう。

Useful Tidbits
はじめての産業用ロボットは1962年、アメリカで誕生しました。エンジニアのジョージ・チャールズ・デボル・ジュニア氏がアイデアを提起し、その有用性を信じた事業家ジョセフ・フレデリック・エンゲルバーガー氏が産業用ロボットの開発を専門とした企業を設立したことが始まりです。そのロボットは、Unimate（ユニメート）と名づけられました。

Date	STEP 0 Check	STEP 1 Listen	STEP 2 Overlap	STEP 3 Shadowing	STEP 4 my-oto-mo
/		回	回	回	%

STEP 5 Recording	

DAY 262 | 🎧188 ナイチンゲールの言葉

"I attribute my success to this: I never gave or took any excuse."
—Florence Nightingale

▼
「私が成功したのは、私が言い訳をしたり、言い訳を受け入れたりすることがなかったからです」
—フローレンス・ナイチンゲール

▶ 解説

attribute A to B で「A は B のおかげである」を意味する表現です。ナイチンゲールの言葉では A にあたるのが my success、B にあたるのが this（＝ I never gave or took any excuse.）になります。excuse は「言い訳」。

▶ 音読ポイント

attribute の発音はカタカナで表現すると「アチュリビュー(トゥ)」。今回のように動詞として使う場合は、ri「リ」の部分にアクセントを置きます。

Useful Tidbits

ナイチンゲールはイギリスの看護師としてクリミア戦争中に献身的な看護活動を行い、夜間ランプを持って病室を見て回ったことから「ランプの貴婦人」や「クリミアの天使」とたたえられました。また、衛生環境を改善する中で生み出した統計学の学者として、さらには世界初の宗教系ではない看護学校を設立するなど医療現場の教育者としても大きな功績を残しました。

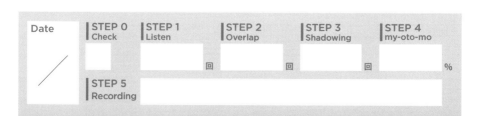

Date	STEP 0 Check	STEP 1 Listen	STEP 2 Overlap	STEP 3 Shadowing	STEP 4 my-oto-mo
/					%
	STEP 5 Recording				

DAY 263

🎧189
「〜次第」を伝える表現

Today's Lines ▶ Daily Conversations ［日常英会話］

A: It's getting warmer these days. Why don't we go on a picnic next weekend? There's a big park near my place. 🎤

B: Sounds wonderful, but you know, it depends on the weather. We'll have to check the forecast. 🎤

A: Yeah, true. Let's come up with a plan B just in case it rains. 🎤

▼
A：最近、暖かくなってきているよね。来週末にピクニックに行かない？　家の近くに大きな公園があるんだ。
B：それは素敵だけど、ほら、天気次第よね。天気予報をチェックしないとね。
A：確かにそうだね。雨が降る場合に備えて、プランBを考えよう。

▶ 解説

It depends on 〜. は「〜次第です」を意味する表現。It depends on the weather. で「天気次第です」を意味します。ほかにも It depends on the situation.（状況次第です）や、It depends on you.（あなた次第です）などのように使います。It depends. だけで使い、「時と場合によります」を意味することも。

▶ 音読ポイント

warm の発音は、カタカナで表現すると「**ウォルム**」。ar の部分は、a で口を開けて「オー」と言い、r で舌を丸めて「ル」と発音します。「ゥワーム」のように発音すると worm（ミミズ）という別の単語に聞こえてしまうので要注意。

Useful Tidbits

日常英会話でよく使われる、"Plan B"。実は、これは最初の計画（＝ Plan A）がうまくいかなかったときの「代替案」を意味する言葉。backup plan（代替案）も同じような言い回しです。会話では、What's your plan B?（代替案はある？）のように使われることも。

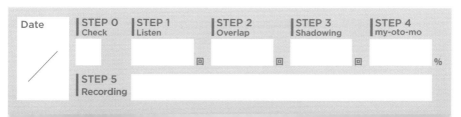

Date	STEP 0 Check	STEP 1 Listen	STEP 2 Overlap	STEP 3 Shadowing	STEP 4 my-oto-mo
/					%
	STEP 5 Recording				

DAY 264

🎧190
モモの物語 38

The man continued to talk to Momo.
"Come to think of it, our super-reliable car was made in Japan too. For me, Japan is the country of my dreams."
Listening to what he said, Momo felt a sense of fondness for her home country.

▼

男はモモに語り続けました。
「思えば、うちのとても信頼性のある愛車だって日本製だ。自分
にとって、日本は憧れの国なんだよ」
モモは男の話を聞いて、自分の国をなんだか愛しく思いました。

▶ 解説

be made in ～は「～で作られる、～製である」という意味の表現です。商品の裏面にある made in Japan（日本製）や made in China（中国製）の表示を一度は見かけたことがある人は多いはず。come to think of it は「そういえば、考えてみると」、fondness は「愛着、愛情」。

▶ 音読ポイント

what he said の部分は、「ワット ヒー セイド」ではなく、「ワッヒーセィ（ドゥ）」とつなげて読みましょう。

Useful Tidbits

シンガポール政府は交通渋滞を減らすために、自動車税を高く課しています。そのため車を持つには、多額の費用がかかります。**シンガポールでは「車を持っている＝富裕層の証」とも言われるほど**。その代わり、電車やバスなど公共交通機関の運賃は安く抑えられています。

Date	STEP 0 Check	STEP 1 Listen	STEP 2 Overlap	STEP 3 Shadowing	STEP 4 my-oto-mo
/					%
	STEP 5 Recording				

DAY 265 - 266
5日間のおさらい

下記のDAYの音読を再度行いましょう。
それぞれ自分の音読を my-oto-mo で判定してベストスコアを
書き込みましょう。また、再度録音してみて、その気づきを
Recording 欄に書き込んでおくと今後の参考になります。

DAY 260 🎧186

Date   my-oto-mo   Recording

%

DAY 261 🎧187

Date   my-oto-mo   Recording

%

DAY 262 🎧188

Date   my-oto-mo   Recording

%

DAY 263 🎧189

Date   my-oto-mo   Recording

%

DAY 264 🎧190

Date   my-oto-mo   Recording

%

DAY 267

🎧191
自動運転車

A self-driving car can navigate and operate without human intervention. It uses sensors, cameras, and artificial intelligence to detect and respond to its surroundings, with the aim being to enhance safety and efficiency in transportation. Such cars can potentially reduce traffic accidents and congestion by minimizing human error.

▼
自動運転車は、人間の介入なしに操縦し、運転することができます。センサー、カメラ、人工知能を使って周囲の状況を感知、反応をし、交通の安全性と効率性を高めることを目的としています。そのような車は人為的なミスを最小限に抑えることで、交通事故や渋滞を減らす可能性があります。

▶ 解説
自動運転車とは、人間が運転するのではなく、システムが運転操作、周囲の認知、判断を代替して走る車のことを指します。respond to its surroundings（周囲の状況に反応する）の**respond to ～（～に反応する）は物だけでなく、「（人に）返答する」という意味でも使われる表現**です。interventionは「介入」、detectは「～を感知する」、congestionは「（交通の）混雑」。

▶ 音読ポイント
minimizingは「ミニマイズィン（グ）」と発音します。真ん中のmiが「ミ」ではなく「マイ」と読むことに注意しましょう。

Useful Tidbits
自動運転はレベル0からレベル5までの6段階。レベル0は「人がすべての操作を行う」状態、レベル1は「システムが部分的にアクセル・ブレーキの操作、あるいはハンドル操作を行う」状態です。衝突被害軽減ブレーキは、このレベル1にあたります。レベル5では「システムが完全に運転を行う」状態になります。

Date	STEP 0 Check	STEP 1 Listen	STEP 2 Overlap	STEP 3 Shadowing	STEP 4 my-oto-mo
/					%
	STEP 5 Recording				

DAY 268

🎧192

お祝いを伝える表現

Today's Lines Business Conversations［ビジネス英会話］

A: Congratulations on your promotion! 🎤

B: Thank you so much! I wouldn't have got this position without everyone's support. I'm really excited about the new role and the responsibilities of being the team leader. 🎤

A: You've worked hard for it, and you deserve it. Any specific goals you have in mind now you are in this new position? 🎤

▼
A：昇進おめでとうございます！

B：ありがとうございます！ 皆さんの支えがなければ、この役職を得ることはできませんでした。チームリーダーとしての新しい役割と責任にとてもワクワクしています。

A：あなたはそのために一生懸命に働いていましたし、当然ですよ。この新しい役職での具体的な目標は何かありますか？

▶ **解説**

Congratulations on 〜.（〜おめでとう）はお祝いを伝えるときの表現です。この意味では必ずcongratulationsとsをつけて使います。昇進以外にも、graduation（卒業）やengagement（婚約）などをお祝いするときにも使えます。you deserve it は「あなたならそれを受け取って当然だよ」、つまり「頑張っていたもんね」というニュアンスを表します。specific は「具体的な」。

▶ **音読ポイント**

deserve it は「ディザーヴ」と「イッ（トゥ）」の音がつながり「ディザァーヴィッ（トゥ）」となります。

Useful Tidbits

誕生日などの行事の日に「おめでとう」と伝えるときは happy を使います。Happy birthday!（お誕生日おめでとう!）やHappy 20th anniversary!（20周年記念おめでとう!）など、後ろにお祝い事を続けます。

Date	STEP 0 Check	STEP 1 Listen	STEP 2 Overlap	STEP 3 Shadowing	STEP 4 my-oto-mo
/					%
	STEP 5 Recording				

DAY 269

🎧193
エスペラント

Esperanto is an international auxiliary language intended for use among people who do not share a common native tongue. 🎤 Using it enables such people to communicate with each other. 🎤 It was created in the late 19th century by L. L. Zamenhof. His aim was to promote global communication by offering a language with a simplified grammar and vocabulary. 🎤

▼

エスペラントは、共通の母語を持たない人々の間で使われることを目的とした国際補助言語です。エスペラントを使うことで、そのような人々は互いにコミュニケーションをとることができます。エスペラントはL.L.ザメンホフ氏によって、19世紀後半に作り出されました。彼の目的は、簡略化された文法と語彙から成る言語を提供することで、国際的なコミュニケーションを促進することでした。

▶ 解説

エスペラントは第二言語として、世界中のあらゆる人が簡単に学ぶことができる共有語として考案されました。among people who 〜は「〜の人々の間で」を意味する表現です。who の後ろには動詞が続き、どんな人々なのか説明をします。auxiliary は「補助的な」、native tongue は「母語」。

▶ 音読ポイント

auxiliary の発音は「ズィ」にアクセントを置き、「オグズィリァリィ」と読みます。「オグ・ズィリ・ァリィ」のように分けて考えると読みやすくなります。

Useful Tidbits

エスペラントを話す人をEsperantist（エスペランティスト）と呼びます。エスペランティストはさまざまな国に存在しますが、特にヨーロッパに多く見られます。

Date	STEP 0 Check	STEP 1 Listen	STEP 2 Overlap	STEP 3 Shadowing	STEP 4 my-oto-mo
/					%
	STEP 5 Recording				

DAY 270

🎧194
予定の再確認

A: Hey, are we still on for Friday? 🎤

B: Absolutely, I've been looking forward to it. We haven't decided the time, right? What time should I meet you? 🎤

A: How about 7:00 p.m. at the A1 exit of Shibuya station? 🎤

B: Sounds perfect! I'll see you there. 🎤

▼
A：ねえ、金曜日は予定通り会うってことでいい？

B：もちろんだよ、ずっと楽しみにしてたんだ。時間はまだ決めてなかったよね？　何時に待ち合わせにしようか？

A：午後7時に渋谷駅のA1出口でどう？

B：いいね！　そこで会おう。

▶ 解説

Are we still on for 〜?（〜は予定通り会うってことでいい？）は、前の予定が変更になっていないか確認するための表現。for のあとには日時やtomorrow's lunch（明日のお昼）など、具体的な予定が入ります。

▶ 音読ポイント

absolutely「アブソルゥッリィ」は「ア」と「ルゥ」にアクセントを置きます。lの部分で、舌を口の天井にあてましょう。

Useful Tidbits

約束をまた今度にしてほしいときは、Can I take a rain check?（別の機会でもいい？）を使います。rain check の本来の意味は、野球の試合が雨天中止の際にもらう、振り替えの入場券のこと。転じて、「後日の約束」という意味になりました。

Date	STEP 0 Check	STEP 1 Listen	STEP 2 Overlap	STEP 3 Shadowing	STEP 4 my-oto-mo
/			回	回	回 %
	STEP 5 Recording				

DAY 271

🎧195
モモの物語 39

Out of the blue, a loud sound was heard. It came from outside. Looking out, Momo could see magnificent fireworks shooting up one after another. 🔊
"Oh, I just remembered today is Singapore's Independence Day. Fireworks are set off every year,"
the man said. 🎤

▼

すると突然、大きな音が聞こえました。それは外からでした。外を見ると、モモは壮大な花火が次々と打ち上がっているのを見ることができました。
「そういえば、今日はシンガポールの独立記念日だ。毎年、花火が上がるんだよ」
男は言いました。

▶ 解説

I just remembered SV 〜. は、「S が V であることを（ちょうど今）思い出しました」という意味の表現。I just remembered that!（たった今、それを思い出しました!）のように使われることもあります。out of the blue は「突然」、magnificent は「壮大な」、fireworks は「花火」。

▶ 音読ポイント

fireworks の works は「ゥワークス」と発音します。「仕事」を意味する work の発音を思い出してみましょう。（→ DAY 26）

Useful Tidbits

シンガポールは、1965年の8月9日にマレーシア連邦から分離独立しました。そのため、8月9日はナショナルデー（独立記念日）。式典やパレードが開かれ、当日を締めくくる夜には花火が打ち上げられます。

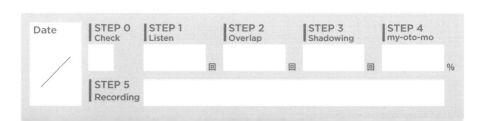

Date	STEP 0 Check	STEP 1 Listen	STEP 2 Overlap	STEP 3 Shadowing	STEP 4 my-oto-mo
/		▣	▣	▣	%

STEP 5 Recording	

DAY 272 - 273
5日間のおさらい

下記のDAYの音読を再度行いましょう。
それぞれ自分の音読をmy-oto-moで判定してベストスコアを
書き込みましょう。また、再度録音してみて、その気づきを
Recording欄に書き込んでおくと今後の参考になります。

DAY 267 🎧191

Date   my-oto-mo   Recording

%

DAY 268 🎧192

Date   my-oto-mo   Recording

%

DAY 269 🎧193

Date   my-oto-mo   Recording

%

DAY 270 🎧194

Date   my-oto-mo   Recording

%

DAY 271 🎧195

Date   my-oto-mo   Recording

%

DAY 274

🎧196
チャールズ・C・コルトンの言葉

Today's Lines ▸ Quotes [名言]

"Friendship often ends in love, but love in friendship never."
—Charles Caleb Colton

▼
「友情が恋愛に発展することはしばしばあるが、恋愛から友情に
変わるということは絶対にあり得ない」
—チャールズ・カレブ・コルトン

▸ **解説**
今日は、恋愛に関する名言を。end in 〜は「〜（の結果）に終わる」
を意味する表現です。また、love in friendship never. は、love
never ends in friendship. の ends が省略され、never が後ろに
移動した形。英語には繰り返しを避けるという特徴があるため、2
つ目の end(s) が省略されています。friendship は「友情」。

▸ **音読ポイント**
「絶対にあり得ない、決してない」というニュアンスを強調するため
に、文末の never「ネヴァー」を強調して読みましょう。

Useful Tidbits
チャールズ・カレブ・コル
トンはイギリス出身の聖職
者。後に聖職者を辞めアメ
リカを旅したことでも有名
です。

Date	STEP 0 Check	STEP 1 Listen	STEP 2 Overlap	STEP 3 Shadowing	STEP 4 my-oto-mo
/		回	回	回	%
	STEP 5 Recording				

DAY 275

🎧197
次の議題を伝える表現

Today's Lines ▶ Business Conversations［ビジネス英会話］

So far, we've discussed the increasing global demand for environmentally friendly products. Let's move on. 🎙 The second item on the agenda is the best way to advertise our energy-saving appliances. 🎙 Please share your thoughts and ideas on what medium would be best for promoting our products. 🎙

▼

これまで、私たちは環境にやさしい製品に対する世界的な需要の増加について話してまいりました。次に移りましょう。2つ目の議題は、「弊社の省エネ家電を宣伝する最適な方法」です。どんなメディアが製品の宣伝に最適かについて、あなたの考えやアイデアを共有してください。

▶ **解説**

The second item on the agenda is 〜.（2つ目の議題は〜です）は、ビジネス会議中、話題の転換に使える表現。Let's move on.（次に移りましょう）や Let's move on to the next topic.（次の話題に移りましょう）という表現もあわせて覚えておくと便利。demand は「需要」、appliance は「電化製品」。

▶ **音読ポイント**

environmentally は、「エンヴァイラメンタリィ」と読みます。vi の部分は「ヴィ」ではなく「ヴァイ」の音になることに注意。上の前歯を下唇にあてて、「ヴァイ」と発音します。

Useful Tidbits

friendly（やさしい）という形容詞は、さまざまな単語と組み合わせて使われます。user-friendly（[機器などが利用者にとって] 使いやすい）、child-friendly（子どもにやさしい）、また vegetarian-friendly（菜食主義者のニーズにあった）などがその例。

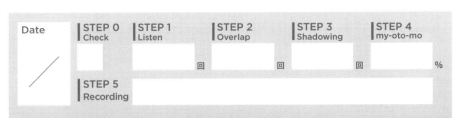

Date	STEP 0 Check	STEP 1 Listen	STEP 2 Overlap	STEP 3 Shadowing	STEP 4 my-oto-mo
/					%
	STEP 5 Recording				

DAY 276

🎧198
人にごちそうするとき

A: Lunch is always good here! It's getting late. Shall we head back to the office? 🎤

B: Yeah, I'm full. Oh, it's on me today. 🎤

A: No, no, George, let's split the bill. 🎤

B: Don't worry, Anne. You paid last time. 🎤

A: Aww, thank you very much. You're so kind. 🎤

▼
A：ここのランチはいつもおいしいのね！ 遅くなってきたわ。 オフィスに戻ろっか？
B：そうだね、お腹いっぱいだ。あ、今日はおごるよ。
A：いやいや、ジョージ、割り勘にしよう。
B：心配しないで、アン。前回は君が払ってくれたんだから。
A：ええ〜、本当にありがとう。とても優しいのね。

▶ **解説**

It's on me. は「私がおごります」を意味する表現。on には、「〜の支払いで、〜持ちで」という "負担" の意味合いがあります。ほかにも動詞の buy を使って、I'll buy you coffee.（コーヒー買うよ＝おごるよ）のような言い方をすることもできます。ちなみに Let's split the bill. は、「割り勘にしましょう」を意味する表現。

▶ **音読ポイント**

split は「**スプリッ（トゥ）**」のように発音します。最後の t は強く読まず、かすかに聞こえる程度で。

Useful Tidbits

Aww（えーっ、おお、まあ）は幅広い場面で使える表現。本文のように喜びを表すだけでなく、Aww, this kitten is so cute.（うわあ、この子猫とってもかわいい）と愛おしさを表したり、Aww, that's too bad.（えーっ、それは最悪だね）と、残念な気持ちや悲しい気持ちを表したりすることも。

Date	STEP 0 Check	STEP 1 Listen	STEP 2 Overlap	STEP 3 Shadowing	STEP 4 my-oto-mo
/					%

STEP 5 Recording	

DAY 277

🎧199
内発的動機づけ

Today's Lines General Interest Topics［一般的な関心事］

External motivation is a state where a person does not pursue the behavior itself, but they rather aim for an externally provided goal, such as a reward. 🎙 In contrast, intrinsic motivation arises from inner curiosity, interest, and enthusiasm. 🎙 When learning a language for a long period of time, intrinsic motivation is said to be important. 🎙

▼
外発的動機づけとは、行動そのものを追求するのではなく、報酬など外から与えられた目標を目指す状態のことを指します。これに対して内発的動機づけは、内面的な好奇心や興味、熱意から生じています。語学を長期間学習する場合、内発的動機づけが重要だと言われています。

▶ 解説

in contrast は「その一方で、対照的に」を意味する表現。2つの事柄を対比させて説明するときによく使います。本文では、external motivation（外発的動機づけ［＝報酬、評価、賞罰などの外的要因により行動意欲がわいている状態］）と、intrinsic motivation（内発的動機づけ［＝好奇心、興味、熱意により行動意欲がわいている状態］）の2つが対比されています。reward は「報酬」。

▶ 音読ポイント

「熱意」を意味するenthusiasm の発音は、ずばり「**エンスュージアズム**」。th の部分は、舌先を上下の前歯で挟み、空気を外に出しながら「スュー」と発音します。

Useful Tidbits

「エンハンシング効果」という言葉をご存じですか？これは、**外的な報酬が内発的動機づけを高める効果の**こと。簡単に言うと、金銭的な報酬や周りからの称賛などがきっかけとなり、「楽しいから勉強してみよう」「好きだからもっと仕事頑張ってみよう」などと、自分の中から意欲が湧いてくることです。

Date	STEP 0 Check	STEP 1 Listen	STEP 2 Overlap	STEP 3 Shadowing	STEP 4 my-oto-mo
/			回	回	回 ... %
	STEP 5 Recording				

DAY 278

🎧200
モモの物語 40

"I just remembered, when Oto brought me home, she and her Mom and Dad were letting off fireworks on the porch. The sparklers were so enchanting." 🎤

While smaller in scale compared to the fireworks in Singapore, it was still a joyful summer memory for Momo. 🎤

▼
「そういえば、オトが私をお家に連れてきてくれた日、オトとママとパパが縁側で花火をしていたな。線香花火、とってもきれいだった…」
シンガポールの花火に比べると規模は小さいものでしたが、それはモモにとって変わらず楽しい夏の思い出でした。

▶ 解説
compared to ～は「～に比べると」を意味する表現。to の後ろに比べる対象を続けましょう。また、compare A with B（A を B と比べる）という表現もあわせて覚えておくと便利です。let off ～は「～を発射する」、sparkler は「線香花火」、enchanting は「魅力的な」、joyful は「楽しい」。

▶ 音読ポイント
she and her Mom and Dad の部分は、and が続いて少し読みにくいかもしれません。she and と her Mom and Dad の2つのかたまりに分けて読むイメージで練習しましょう。

Useful Tidbits
「縁側」は、日本建築独自のもの。アメリカ英語で表現すると porch、イギリス英語で表現すると veranda または verandah になります。

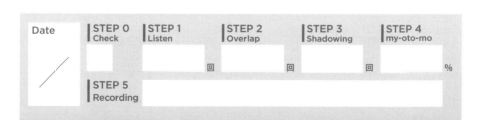

Date	STEP 0 Check	STEP 1 Listen	STEP 2 Overlap	STEP 3 Shadowing	STEP 4 my-oto-mo
/					%
	STEP 5 Recording				

DAY 279 - 280
5日間のおさらい

下記のDAYの音読を再度行いましょう。
それぞれ自分の音読をmy-oto-moで判定してベストスコアを
書き込みましょう。また、再度録音してみて、その気づきを
Recording欄に書き込んでおくと今後の参考になります。

DAY 274 🎧196
Date　　　my-oto-mo　Recording

%

DAY 275 🎧197
Date　　　my-oto-mo　Recording

%

DAY 276 🎧198
Date　　　my-oto-mo　Recording

%

DAY 277 🎧199
Date　　　my-oto-mo　Recording

%

DAY 278 🎧200
Date　　　my-oto-mo　Recording

%

DAY 281

🎧201
迫る納期

A: **We need to finish these documents today since we're running behind schedule.** 🎤

B: **These documents? That's a lot.** 🎤

A: **I know, but there were some sudden changes to the design, so it couldn't be helped.** 🎤

B: **Alright, let's try to catch up as best as we can.** 🎤

▼
A：予定より遅れているので、私たちはこれらの書類を今日中に終わらせる必要があります。
B：これらの書類をですか？　結構な量ですよ。
A：そうなんですが、デザインに急な変更があったので仕方ないんです。
B：わかりました、できる限り追いつけるようにしましょう。

▶ 解説

be running behind schedule は「予定よりも遅れている」を意味する表現。「スケジュールよりも後ろを走っている」イメージです。また、it couldn't be helped の help は「〜を避ける」という意味で使われており、「避けられない」＝「仕方がない」という意味になります。sudden は「突然の」、catch up は「追いつく」。

▶ 音読ポイント

schedule は「スケジュール」ではなく「**スケジュォゥ**」。du「ジュ」のときに唇をすぼめます。

Useful Tidbits

スケジュールに関する英語表現には、**on schedule**（予定通りに）、**ahead of schedule**（予定より早く）などが挙げられます。The project is on schedule/ahead of schedule.（計画は予定通りです／予定よりも早く進んでいます）のように使います。

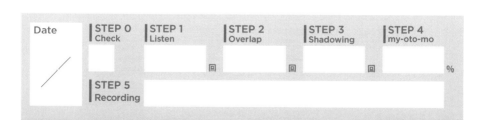

Date	STEP 0 Check	STEP 1 Listen	STEP 2 Overlap	STEP 3 Shadowing	STEP 4 my-oto-mo
/			🔁	🔁	🔁 ___%
	STEP 5 Recording				

DAY 282

🎧202
安楽死

Euthanasia is the act of ending a person's life without inflicting pain. It typically involves patients who are terminally ill or experiencing severe pain and suffering. 🎤 Several countries, including the Netherlands, Belgium, Colombia, and Canada, have legalized euthanasia under specific circumstances and very clear rules apply. 🎤

▼
安楽死とは、苦痛を与えることなく人の人生を終わらせる行為です。一般的には、末期症状の患者や、激しい痛みと苦痛を経験している患者が対象となります。オランダ、ベルギー、コロンビア、カナダを含むいくつかの国では、特殊な状況のもとで安楽死を合法化しており、非常に明確なルールが適用されます。

▶ **解説**

under（〜のもとで）は、「条件・事情」を表す前置詞です。under specific circumstances で「特殊な状況のもとで」という意味になります。inflict は「（苦痛など）を与える」、terminally ill は「末期的症状で」、legalize は「〜を合法化する」。

▶ **音読ポイント**

euthanasia は「ユーサネイジャ」と読みます。eu を「ユ」と読む点に注意です。tha「サ」で舌を上下の歯で軽く挟み、「ユー」と「ネイ」にアクセントを置いて発音しましょう。

Useful Tidbits

euthanasia という用語をはじめて用いたのは、17世紀に活躍した英国の哲学者、フランシス・ベーコンだと言われています。これは、ギリシャ語でいう「安らかな死、よい死」を意味していました。安楽死については合法の国の中でも賛否が分かれ、今後も国際的な議論が必要とされています。

Date	STEP 0 Check	STEP 1 Listen	STEP 2 Overlap	STEP 3 Shadowing	STEP 4 my-oto-mo
/			回	回	回	%

STEP 5 Recording

DAY 283

🎧203
デートの約束

Today's Lines | Tongue Twisters ［早口言葉］

I have got a date at a quarter to eight; I'll see you at the gate, so don't be late.

▼
私は7時45分にデートがあるんだ、ゲートであなたと会うので、遅れないでね。

▶ **解説**

date、eight、gate、late と、それぞれ「エイト」の音で韻が踏まれた早口言葉です。quarter は「(1時間の) 4分の1」を意味するため、a quarter to eight で「8時になるまであと15分」、すなわち「7時45分」を意味します。

▶ **音読ポイント**

quarter「クウォーター」は、qu「ク」で軽く口をすぼめ、そこからさらに口をすぼめて「ウォ」と発音するのがポイント。

Useful Tidbits

past（～を過ぎて）を使って、quarter past eight（8時15分）、half past eight（8時30分）などのように表すことも。それぞれ、「8時を15分過ぎて」「8時を（1時間の）半分過ぎて」という意味。

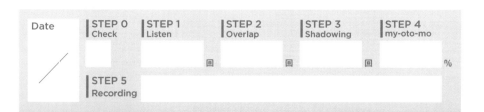

Date	STEP 0 Check	STEP 1 Listen	STEP 2 Overlap	STEP 3 Shadowing	STEP 4 my-oto-mo
/					%
	STEP 5 Recording				

DAY 284

🎧204
理由を尋ねる表現

Today's Lines ▶ Daily Conversations［日常英会話］

A: I heard you passed the exam! Congrats! 🎤

B: Thanks! To be honest, I never thought I would pass. 🎤

A: Really? What made you think so? 🎤

B: Well, this level was quite challenging for me, and I had limited time to prepare because I still had to go to my after-school clubs. 🎤

A: But you did it! That's impressive. 🎤

▼

A：試験に合格したって聞いたよ！ おめでとう！

B：ありがとう！ 正直に言うと、受かるなんて思ってなかったよ。

A：そうなの？ どうしてそう思ったの？

B：うーん、このレベルは僕にとってはかなり難しかったし、まだ放課後のクラブに参加しなきゃいけなかったから、準備するのに限られた時間しかなかったんだ。

A：でも合格したじゃない！ すごいことだよ。

▶ **解説**

What made you think so? は「どうしてそう思ったのですか？」と理由を尋ねる表現です。直訳すると「何があなたにそう思わせたのか」という意味。どんな理由や原因があってそう思ったのか、ということを聞いています。pass は「～に合格する」、challenging は「挑戦的な」、impressive は「見事な」。

▶ **音読ポイント**

But you did it! の did it をつなげて「ディディッ（トゥ）」と発音しましょう。did を強調して読むと、「よくやった！」というニュアンスを表せます。

Useful Tidbits

「試験に落ちる」は fail an exam で表します。関連して、「(学校の) 追試を受ける」と言うときには take a makeup exam (追試を受ける) という表現を使います。

Date	STEP 0 Check	STEP 1 Listen	STEP 2 Overlap	STEP 3 Shadowing	STEP 4 my-oto-mo
/			▣	▣	▣ %
	STEP 5 Recording				

DAY 285

🎧205
モモの物語 41

Today's Lines Stories［物語］

When Momo looked back at the man, he was holding the rainbow-colored egg. She already knew what it meant. 🎙

"It was such a short trip. I guess it's time to leave." 🎙

She once again took in the night view of Singapore, and right after, she fell asleep. 🎙

▼

モモがふと振り返って男を見ると、彼は虹色の卵を持っていました。
彼女はもう、その卵が表す意味をわかっていました。
「あまりに短い旅だったな。もう、行かなくちゃ」
モモはシンガポールの夜景をもう一度目に焼きつけ、そのあとすぐ、眠りに落ちました。

▶ **解説**

what S mean(s) は「Sが意味すること」を表す表現。動詞のmean（〜を意味する）を使うのがポイントです。本文では、what it（＝the rainbow-colored egg) meant（それ［＝虹色の卵］が意味していたこと）と、過去形のmeant（意味した）が用いられています。take in 〜は「〜をじっと見る、〜を体に取り入れる」。

▶ **音読ポイント**

what it meant は「ワリッメン（トゥ）」と発音するイメージです。itの部分を弱く、meantを強める意識で読みましょう。

Useful Tidbits

holdは「〜を持つ」という意味の動詞。関連して、「（強い力で）持つ、握る」はgrasp、「急に掴む」はgrab、「（恐怖や痛み・不安などを感じ）人や物をぐいっと掴む」はclutchという動詞を使います。

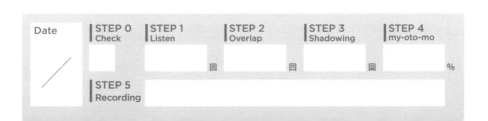

Date	STEP 0 Check	STEP 1 Listen	STEP 2 Overlap	STEP 3 Shadowing	STEP 4 my-oto-mo
/					%
	STEP 5 Recording				

DAY 286 - 287
5日間のおさらい

下記のDAYの音読を再度行いましょう。
それぞれ自分の音読をmy-oto-moで判定してベストスコアを
書き込みましょう。また、再度録音してみて、その気づきを
Recording欄に書き込んでおくと今後の参考になります。

DAY 281 🎧 201

Date   my-oto-mo   Recording

%

DAY 282 🎧 202

Date   my-oto-mo   Recording

%

DAY 283 🎧 203

Date   my-oto-mo   Recording

%

DAY 284 🎧 204

Date   my-oto-mo   Recording

%

DAY 285 🎧 205

Date   my-oto-mo   Recording

%

DAY 288

🎧206
ホテルのモーニングコール

Today's Lines ▶ Daily Conversations [日常英会話]

A: May I help you? 🎤①

B: Hi. Could you give me a wake-up call tomorrow? 🎤②

A: No problem. What's your room number? 🎤③

B: Let me see... It's 302. 🎤④

A: Thank you. What time would you like your call? 🎤⑤

B: At seven, please. 🎤⑥

A: Certainly. One of our staff will call you at seven tomorrow. 🎤⑦

▼

A：何かご用でしょうか？
B：もしもし。明日のモーニングコールをお願いできますか？
A：かしこまりました。部屋番号を教えていただけますでしょうか？
B：えっと…302号室です。
A：ありがとうございます。何時にお電話を差し上げましょうか？
B：7時にお願いします。
A：かしこまりました。明日7時にスタッフがお電話いたします。

▶ 解説

No problem. という表現は、依頼を承諾するときに使える表現です。直訳すると「問題ありません」という意味になりますが、「かしこまりました」や「承知しました」のようなニュアンスです。類義表現として、Certainly. や Sure. も使うことができます。

▶ 音読ポイント

let me see では let の t は強く発音せず、「レッミースィー」のようにつなげて読むことがポイントです。

Useful Tidbits

ホテルなどで指定の時間に電話をかけてもらうサービスを「モーニングコール」と言いますが、実はこれは和製英語。英語では、wake-up call と表します。

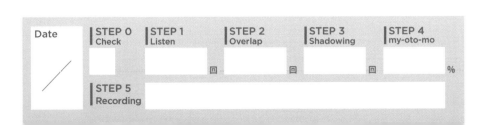

Date	STEP 0 Check	STEP 1 Listen	STEP 2 Overlap	STEP 3 Shadowing	STEP 4 my-oto-mo
/			回	回	回	%
	STEP 5 Recording				

DAY 289

🎧207 送別会

A: Have you heard the news? Ryo is leaving the company. 🎤

B: Yes. That was a real surprise. 🎤

A: Same here. I'm going to organize a farewell party for him. Could you give me a hand? 🎤

B: I'd be happy to. We should decide the date first, right? 🎤

▼

A：あの知らせ、聞きましたか？　リョウが会社を辞めるってこと。

B：はい。かなり驚きました。

A：私もです。彼のために送別会を開こうと考えています。手伝ってもらえますか？

B：喜んで。まず、日にちを決めないとですよね？

▶ 解説

Same here. は「私も同じです」と、同意を示す表現。here を言わずに、Same. だけで表現することもあります。また、肯定文に対する同意なら Me too. を、否定文に対してなら Me neither. を使って表すことも。organize は「〜を計画する、〜を準備する」、give A a hand は「A を手伝う」。

▶ 音読ポイント

最後のBのセリフの right? の部分は、相手に「確かめる」ことをイメージして、上がり調子で読みましょう。

Useful Tidbits

職場で退職する人や異動する人を送り出すお別れ会のことを、farewell party と呼びます。アメリカでは家族皆で夕食を食べる文化が根強いため、送別会はランチ開催が主流。

Date	STEP 0 Check	STEP 1 Listen	STEP 2 Overlap	STEP 3 Shadowing	STEP 4 my-oto-mo
/		回	回	回	%
	STEP 5 Recording				

DAY 290

🎧208
失ってはじめて

Today's Lines ▶ Proverbs［ことわざ］

You never miss the water till the well runs dry.

▼
井戸が干上がるまでは、誰も水のありがたさを感じない

▶ 解説

直訳すると「井戸が乾くまでは誰も水を恋しがらない」、つまり「**身近なものは失ってはじめてその大切さに気づく**」ということを伝えています。miss は「〜を寂しがる、〜を恋しく思う」を意味する動詞で、I miss my family.（家族が恋しい）、I missed you so much!（寂しかったよ！）などのように使います。well は「井戸」。

▶ 音読ポイント

dry の発音をチェック。d の発音は、舌先を上の前歯の裏につけ、「ドゥ」と息を口から出します。そして直後に ry「ラァィ」と続けます。

Useful Tidbits

インドのグジャラート州、パタンには、11世紀につくられたラニ・キ・ヴァヴ（女王の階段井戸）と呼ばれる井戸があります。中が7層の階段になった美しい井戸で、建築技術の素晴らしさや発見当時の保存状態のよさなどを理由に、2014年に世界遺産として登録されました。

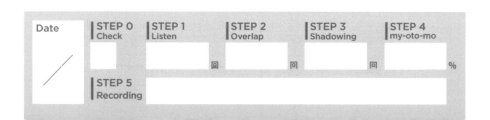

Date	STEP 0 Check	STEP 1 Listen	STEP 2 Overlap	STEP 3 Shadowing	STEP 4 my-oto-mo
/		回	回	回	%
	STEP 5 Recording				

DAY 291

🎧209
フェイクニュース

Today's Lines ▸ General Interest Topics ［一般的な関心事］

Fake news refers to untrue information primarily disseminated and spread on websites and via social media. 🎤 It is spread for various reasons, including increasing website traffic, manipulating public opinion for political purposes, and sometimes just for making fun of something. 🎤② It is becoming a serious problem because it can really influence people. 🎤③

▼

フェイクニュースとは、主にウェブサイト上やソーシャルメディアを通じて広まる事実に基づかない情報のことを指します。これは、ウェブサイトのアクセス数を増やすため、政治的な目的で世論を操作するため、そして時には単に愉快犯のためなど、さまざまな理由で広まります。人々に大きな影響を与えるため、フェイクニュースは深刻な問題となっています。

▸ **解説**

become a serious problem は「深刻な問題になる」という意味の表現。「現在深刻な問題になりつつある」という、「今まさに進行している」ニュアンスを出すため、本文では現在進行形が使われています。disseminate は「〜を広める」、manipulate は「〜を操作する」、make fun of 〜は「〜をからかう」。

▸ **音読ポイント**

disseminatedは、「ディセミネィティッ（ドゥ）」と読みます。sse「セ」の部分にアクセントを置いて発音しましょう。

Useful Tidbits

fakeという単語は、スラングでもよく使われます。「偽の、本物ではない」という意味から、「インチキっぽい、ダサい」というニュアンスを表します。たとえば、**That bag is fake!**（あのかばん、偽物っぽくてダサい!）のように使います。

Date	STEP 0 Check	STEP 1 Listen	STEP 2 Overlap	STEP 3 Shadowing	STEP 4 my-oto-mo
/					%

STEP 5 Recording

DAY 292

🎧210
モモの物語 42

When Momo woke up, a huge white building with roofs shaped like yacht sails was in front of her. At the same time, she heard some music coming from inside the building.
Momo thought,
"I have no idea where I am this time…"

▼
モモが目覚めると、目の前にはヨットの帆のような形をした屋根をかまえた、大きな白い建物がありました。と同時に、建物の中からは音楽が聞こえてきました。モモは思いました。
「今回はどこにいるのか、さっぱりわからない…」

▶ **解説**
何か別の物を例に挙げて、「〜の形みたい」と比喩表現をする場合、shaped like 〜（〜のような形をした）が使えます。本文では、roofs shaped like yacht sails（ヨットの帆のような形をした屋根）と表されています。

▶ **音読ポイント**
1文目は文章が少し長く、読むのに苦労するかもしれません。ポイントは、意味のかたまりで一区切りし、呼吸を整えること。a huge white … 以降は、shaped の前と was の前で一息置いて読みましょう。yacht は「ヤッ(トゥ)」のように読みます。

Useful Tidbits
ヨットの帆を彷彿とさせるユニークな外観でおなじみのシドニー・オペラハウスは、オーストラリアのシドニーにある近代建築物。建物内には歌劇場やコンサートホールがあり、シドニー交響楽団の拠点にもなっています。また2007年には世界文化遺産にも登録されました。

Date	STEP 0 Check	STEP 1 Listen	STEP 2 Overlap	STEP 3 Shadowing	STEP 4 my-oto-mo
/					%
	STEP 5 Recording				

DAY 293-294
5日間のおさらい

下記のDAYの音読を再度行いましょう。
それぞれ自分の音読をmy-oto-moで判定してベストスコアを
書き込みましょう。また、再度録音してみて、その気づきを
Recording欄に書き込んでおくと今後の参考になります。

DAY 288　🎧206
Date　　　　my-oto-mo　Recording

%

DAY 289　🎧207
Date　　　　my-oto-mo　Recording

%

DAY 290　🎧208
Date　　　　my-oto-mo　Recording

%

DAY 291　🎧209
Date　　　　my-oto-mo　Recording

%

DAY 292　🎧210
Date　　　　my-oto-mo　Recording

%

DAY 295

🎧211
心配を伝える表現

A: We seem to be so short-staffed lately. I am concerned about our customer-service levels. 🎤

B: I understand your concern. We certainly have been a bit overwhelmed by the workload recently. 🎤

A: Perhaps we should consider hiring additional people. Let's talk to HR about it. 🎤

B: That's a good idea. 🎤

▼
A：最近、とても人手不足ですね。接客レベルが心配です。
B：あなたの懸念、わかります。最近、確かに仕事量にやや圧倒されています。
A：追加の人員を雇うことを検討すべきかもしれませんね。人事部に相談してみましょう。
B：それはいい考えですね。

▶ 解説

I'm concerned about 〜. は「〜について心配しています」と懸念事項を伝える表現です。後ろにはour customer-service levels「接客レベル、接客の質」のように、名詞が続きます。short-staffed は「人手不足の」、workload は「仕事量」、additional は「追加の」。

▶ 音読ポイント

「圧倒された」を意味するoverwhelmed は「オゥヴァーウェルム（ドゥ）」と発音します。アクセントはo「オゥ」とwhe「ウェ」の2か所です。

Useful Tidbits

busyを使わず「忙しい」を表す表現はたくさんあります。たとえば、*one's* hands are full（手がいっぱいである）や have a lot on *one's* plate（皿にたくさん乗っている［＝今やるべきことが山ほどある］）などが挙げられます。

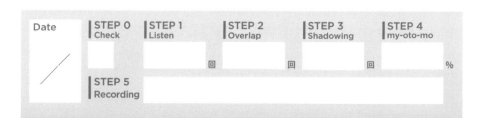

Date	STEP 0 Check	STEP 1 Listen	STEP 2 Overlap	STEP 3 Shadowing	STEP 4 my-oto-mo
/					%
	STEP 5 Recording				

DAY 296

🎧212
ジェンダー・ギャップ指数

The Gender Gap Index is an index that measures disparities or inequalities between women and men, typically in areas such as income opportunities, political involvement, and education levels. 🎙 The index thus highlights unequal treatment and underrepresentation. The aim is to raise awareness about gender-related issues and promote equal opportunities. 🎙

▼
ジェンダー・ギャップ指数は一般的に、所得機会、政治的関与、教育レベルなどの分野における男女間の格差や不平等を測る指標です。したがって、その指数は不平等な扱いや過小評価を浮き彫りにします。ジェンダーに関連する問題に対する意識を高め、機会均等を促進することを目的としています。

▶ 解説
ジェンダー・ギャップ指数は男女格差を「政治」「経済」「教育」「健康」の４分野で評価し、国ごとにジェンダー平等の達成度を指数化したもの。raise awareness about 〜（〜についての意識を高める）は、問題に対する認知や自覚を促す表現です。disparity は「格差、不均衡」、inequality は「不平等」、thus は「したがって」という文語表現。

▶ 音読ポイント
inequalities「イニクゥオリティズ」は「イ」と「ゥオ」の２つにアクセントを置きます。「イニク・ゥオリティズ」のように、２つに分けるイメージで読みましょう。

Useful Tidbits
ジェンダー・ギャップ指数はスコアで換算され、1に近いほど男女格差が少ない国と認定されます。**2023年の日本の順位は146カ国中の125位**。分野別に見てみると、日本の「政治」は0.057、「経済」は0.561と低い数値の一方で、「教育」は0.997、「健康」は0.973と高い数値でした。

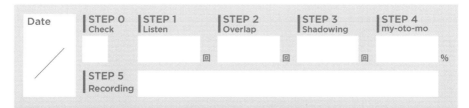

Date	STEP 0 Check	STEP 1 Listen	STEP 2 Overlap	STEP 3 Shadowing	STEP 4 my-oto-mo
/			回	回	回 %
	STEP 5 Recording				

DAY 297

🎧213
スカンクの臭い

A skunk sat on a stump and thunk the stump stunk, but the stump thunk the skunk stunk.

▼
スカンクは切り株の上に座り、切り株が臭いと思いました。けれど切り株はスカンクのほうが臭いと思いました。

▶ 解説

カンマ以降は、but the stump thunk（けれど切り株は〜だと思った）と the skunk stunk（スカンクが臭い）に分けて考えると理解しやすいです。thunk は think の過去形 thought（〜だと思った）を正しいスペルではなく、あえて間違って書いたもの。ユーモアを表すために誤ったスペルになっています。また「ズシン」という効果音の意味も持ちます。

▶ 音読ポイント

thunk は、th で舌を上下の歯で挟み、「サンク」と言いましょう。k は「ク」とはっきり言うのではなく、喉の奥から「ク」と発音します。

Useful Tidbits

スカンクは強烈な悪臭の分泌液を噴出する動物。スカンクの語源は、プロト・アルゴンキン語の「排尿する」＋「キツネ」という言葉に由来していると言われています。

Date	STEP 0 Check	STEP 1 Listen	STEP 2 Overlap	STEP 3 Shadowing	STEP 4 my-oto-mo
/					%
	STEP 5 Recording				

DAY 298

🎧214
相手を気遣って

▶ Daily Conversations［日常英会話］

A: Hey, you seem a bit down today. What's wrong? 🎤

B: Well, it's just been a tough week at work, and I had an argument with a friend yesterday. 🎤

A: I'm sorry to hear that. I'm here for you if you ever want to chat or need anything. 🎤

B: Thanks. 🎤

▼

A：ねえ、今日はちょっと元気がないね。どうしたの？

B：ええと、今週は仕事で大変だったし、昨日は友達と言い合いになったんだ。

A：それはお気の毒に。もし話したいことや、何か必要なことがあればそばにいるよ。

B：ありがとう。

▶ 解説

What's wrong? は「どうしましたか？」と相手を気遣う表現。相手の体調が悪く見えたときや、悲しそうにしているときなどに使います。you seem a bit down のdown は「元気のない、落ち込んだ」という意味で使われています。また、if you ever want to ～ のever は「もし」ということを強調するために使われています。have an argument with ～は「～と口論する」。

▶ 音読ポイント

bit down は「ビッダァウン」と音をつなげて読みましょう。down のow「ァウ」を強調して発音します。

Useful Tidbits

What's wrong? と似た表現に What's wrong with you? があります。ただし、これは相手の振る舞いに対して不快感を覚えたときに使う表現。「何を考えているの？（＝頭おかしいんじゃないの？／あなた、大丈夫？）」という意味を表します。間違えて使わないように注意しましょう。

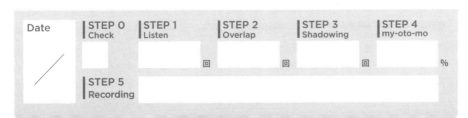

Date	STEP 0 Check	STEP 1 Listen	STEP 2 Overlap	STEP 3 Shadowing	STEP 4 my-oto-mo
/					%
	STEP 5 Recording				

DAY 299

🎧215
モモの物語 43

Today's Lines | Stories [物語]

Beside Momo, there stood an elderly couple leaning on canes. 🎙 The old woman said,
"Momo, The Opera House is a World Cultural Heritage Site that the people of Sydney are very proud of. Today, let's go listen to an orchestra." 🎙
It looked like Momo had come all the way to Australia this time. 🎙

▼

モモの隣には、杖をついた老夫婦が立っていました。老女が言いました。
「モモ、オペラハウスはシドニーの人々がとても誇りに思っている、世界文化遺産なのよ。今日はオーケストラを聴きに行きましょうね」
モモは、今度ははるばるオーストラリアに来たようでした。

▶ 解説
come all the way to 〜は「〜にはるばるやって来る」という意味。had come all the way to Australia で「はるばるオーストラリアに来た」を表します。ほかにも、Thank you for coming all the way.（遠くからはるばる来てくれてありがとう）という表現も定番です。lean on 〜は「〜に寄りかかる」、cane は「ステッキ、杖」。

▶ 音読ポイント
Sydney は、「スィドゥニィ」と発音します。Sy「スィ」を発音するときは、上の歯と下の歯をあわせ、歯と歯のすきまから息を細く出すイメージで「スィ」と読みましょう。

Useful Tidbits
オーストラリアでは自然遺産12か所、文化遺産4か所、複合遺産4か所の計20か所がユネスコの世界遺産として登録されています。その中でもひときわ有名なのが、クイーンズランド州にあるグレートバリアリーフ。世界最大級のサンゴ礁群が見られ、その全長は2000km以上にもおよびます。

Date	STEP 0 Check	STEP 1 Listen	STEP 2 Overlap	STEP 3 Shadowing	STEP 4 my-oto-mo
/					%
	STEP 5 Recording				

DAY 300 - 301
5日間のおさらい

下記のDAYの音読を再度行いましょう。
それぞれ自分の音読をmy-oto-moで判定してベストスコアを
書き込みましょう。また、再度録音してみて、その気づきを
Recording欄に書き込んでおくと今後の参考になります。

DAY 295 　🎧 211
Date　　　　my-oto-mo　Recording

%

DAY 296 　🎧 212
Date　　　　my-oto-mo　Recording

%

DAY 297 　🎧 213
Date　　　　my-oto-mo　Recording

%

DAY 298 　🎧 214
Date　　　　my-oto-mo　Recording

%

DAY 299 　🎧 215
Date　　　　my-oto-mo　Recording

%

DAY 302

🎧216 お店の予約

A: Hi, Keita. Are you calling about lunch today?

B: That's right. I made a reservation at John's Gourmet Burgers at one o'clock.

A: Thank you! I think we should get there five minutes early.

B: Okay. See you then.

▼
A：やっほー、ケイタ。今日のランチに関する電話？
B：そう。1時にジョンズ・グルメ・バーガーを予約したよ。
A：ありがとう！　5分前には着いたほうがいいね。
B：そうだね。また後で会おう。

▶ **解説**

make a reservation で「予約をする」という表現です。reserve（〜を予約する）という動詞を使って、reserve a table のように言い換えることもできます。I reserved a table for two. で「2名分の席を予約しました」という意味になります。

▶ **音読ポイント**

one o'clock は「ワン オクロック」ではなく「**ワノクロック**」のようにつなげて発音します。

Useful Tidbits

本文では、「5分前」という表現を five minutes early と表していますが、現時点から「〜分前」を示す際は ago を使います。つまり、**five minutes ago** だ と「今から5分前」という意味です。

Date	STEP 0 Check	STEP 1 Listen	STEP 2 Overlap	STEP 3 Shadowing	STEP 4 my-oto-mo
/		回	回	回	%
	STEP 5 Recording				

DAY 303

🎧217

経費削減に向けて

A: We're here today to discuss how to cut office expenses. 🎙

B: I thought of a good idea. How about allowing employees to telecommute? This will also save time wasted commuting. 🎙

A: That makes sense. Meetings like this can be held online, too. 🎙

▼
A：本日はオフィス経費の削減方法について話し合います。
B：いい考えを思いつきました。社員に在宅勤務をさせるのは
　　どうでしょうか？　通勤にかかる無駄な時間も節約できま
　　す。
A：いいですね。このような会議もオンラインでできますね。

▶ **解説**

We're here today to discuss 〜.（今日は〜について話し合います）は会議の目的を伝える表現です。会議の冒頭で、司会者が参加者に対して会議の目的を伝える場面でよく使われます。expense は「経費」、allow A to do は「A が〜することを許す」、telecommute は「在宅勤務をする」。

▶ **音読ポイント**

allow の発音は「アロウ」ではなく「アラァウ」となります。「ラァ」の部分を強めに発音しましょう。

Useful Tidbits

I thought of a good idea. の別の言い方として、**I came up with a good idea.**（いい考えを思いつきました）も覚えておきましょう。come up with 〜は「〜を思いつく」という意味。

Date	STEP 0 Check	STEP 1 Listen	STEP 2 Overlap	STEP 3 Shadowing	STEP 4 my-oto-mo
/					%
	STEP 5 Recording				

DAY 304

🎧218
アンドリュー・カーネギーの言葉

"No man will make a great leader who wants to do it all himself or get all the credit for doing it."

—Andrew Carnegie

▼
「すべて自分でやりたがる人や自分の手柄にしたがる人は、
決して偉大なリーダーにはなれないだろう」
—アンドリュー・カーネギー

▶ 解説

リーダーを目指すすべての人への格言。credit は「称賛、名声、功績」を意味する単語。get all the credit for 〜で、「〜をすべて自分の手柄にする、〜の功績をすべて自分のものにする」を表します。

▶ 音読ポイント

do it all は区切って発音せず、「ドゥーイッ（トゥ）オーゥ」のように単語同士をつなげて発音します。it の t は all とつながり、ほとんど聞こえません。

Useful Tidbits

アンドリュー・カーネギーは1892年にカーネギー鉄鋼会社を設立し、鉄鋼王と称されました。そして、その後は著作家や活動家としても活躍。さらには慈善活動にも尽力し、アメリカやイギリスの公共図書館の設置に力を注ぎました。

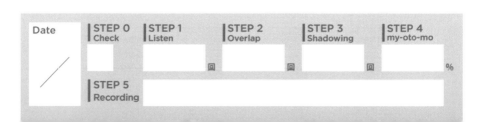

Date	STEP 0 Check	STEP 1 Listen	STEP 2 Overlap	STEP 3 Shadowing	STEP 4 my-oto-mo
/					%
	STEP 5 Recording				

DAY 305

🎧219
ボディ・ポジティブ

Today's Lines ▷ General Interest Topics［一般的な関心事］

"Body positivity" is a movement that encourages people to love their bodies as they are, promoting a positive attitude. It involves celebrating the diversity of all body types without being confined to specific beauty standards, such as the idea that being thinner is more beautiful.

▼
「ボディ・ポジティブ」とは、ありのままの自分の体を愛することを奨励し、前向きな姿勢を促す運動のことです。「痩せているほうが美しい」というような特定の美の基準にとらわれることなく、あらゆる体型の多様性を受け入れる運動です。

▶ 解説
as they are は、「そのままで、ありのままで」を意味する表現。本文では they は their bodies「（彼らの［＝自分の］）体、体型」を指しています。つまり、「その体型のままで（変わらず）」ということ。be confined to ～は「～に限定する」、thin は「痩せた、ほっそりした」。

▶ 音読ポイント
「多様性」を意味する diversity の発音は、「ディヴァースィティ」。ver「ヴァー」の部分にアクセントを置いて読みましょう。

Useful Tidbits

body positivity（ボディ・ポジティブ）に加えて、**body neutral**（ボディ・ニュートラル）という考え方も少しずつ広まってきています。これは、「無理に体型のコンプレックスを乗り越える必要はなく、自分の体型に対して過度にポジティブにならなくてもいい」という考え方を促す運動のこと。

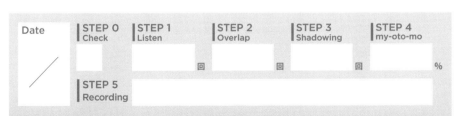

Date	STEP 0 Check	STEP 1 Listen	STEP 2 Overlap	STEP 3 Shadowing	STEP 4 my-oto-mo
/			回	回	回 %

	STEP 5 Recording	

DAY 306

🎧220
モモの物語 44

After entering the concert hall within the building, they took their seats. 🎤 As Momo listened attentively, she was able to hear the amazing music and the pleasant tones of the instruments.
"How beautiful the sound is!" 🎤

▼
建物内のコンサートホールに入ったあと、彼らは着席しました。モモが耳を澄ますと、素晴らしい音楽と楽器の心地よい音色が聞こえてきました。
「なんて美しい音なの！」

▶ 解説
〈How ＋形容詞＋SV ～!〉の形で、「なんと～なのだろう!」という感嘆文を作ることができます。本文のHow beautiful the sound is! は「なんて美しい音なんだろう!」という意味を表しています。beautifulの代わりに、amazing[wonderful]（素晴らしい）を使ってもいいですね。attentivelyは「注意深く」。

▶ 音読ポイント
「心地よい、気持ちのよい」を意味するpleasant は、le「レ」の部分にアクセントを置き、「プレザン（トゥ）」と発音します。「プリーザン（トゥ）」とは発音しないので、注意が必要です。

Useful Tidbits
listen attentively（耳を澄ます、よく聞く）のほかにも、listenを使った英語の表現を覚えておきましょう。たとえば、よく使うのがlisten carefully（注意深く聞く）やlisten closely（じっくりと聞く）。listenと副詞のさまざまな組み合わせを覚えておきましょう。

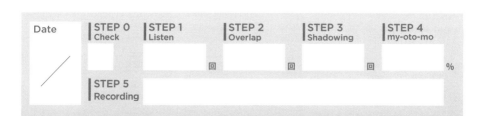

Date	STEP 0 Check	STEP 1 Listen	STEP 2 Overlap	STEP 3 Shadowing	STEP 4 my-oto-mo
/					%
	STEP 5 Recording				

DAY 307-308
5日間のおさらい

下記のDAYの音読を再度行いましょう。
それぞれ自分の音読をmy-oto-moで判定してベストスコアを
書き込みましょう。また、再度録音してみて、その気づきを
Recording欄に書き込んでおくと今後の参考になります。

DAY 302 🎧 216
Date   my-oto-mo   Recording

%

DAY 303 🎧 217
Date   my-oto-mo   Recording

%

DAY 304 🎧 218
Date   my-oto-mo   Recording

%

DAY 305 🎧 219
Date   my-oto-mo   Recording

%

DAY 306 🎧 220
Date   my-oto-mo   Recording

%

DAY 309

🎧221
有害な男らしさ

"Toxic Masculinity" is the notion that certain harmful behaviors and attitudes in men are actually "manly." 🎙 Such behaviors and attitudes include the pressure to act tough, suppress emotions, display power and dominance, and exhibit sexism and homophobia. 🎙 They can contribute to mental health issues and have a negative impact on society. 🎙

▼

「有害な男らしさ」とは、男性のある種の有害な行動や態度が、実は「男らしい」（とされる）という考え方です。そのような行動や態度には、たくましく振る舞うべき、感情を抑制するべき、権力や支配力を誇示するべき、性差別や同性愛嫌悪を示すべきといった圧力が含まれます。これらは精神衛生上の問題を引き起こし、社会に悪影響をおよぼす可能性があります。

▶ **解説**
有害な男らしさとは、「男はこう振る舞うべき」とされる行動規範のうち、負の側面を持つものを指します。contribute to ～は「～の一因となる」という意味を持ち、後ろには引き起こされる結果が続きます。notion は「考え、概念」、suppress は「～を抑える」、dominance は「支配」。

▶ **音読ポイント**
masculinity「マスキュリニティ」は「マ」と「リ」の 2 つにアクセントを置きます。ma「マ」の a は「エ」と「ア」の中間の音であることに気をつけて発音しましょう。

Useful Tidbits
男は強くあるべきだから涙を流してはいけない、ピンクやかわいらしいものが好きな男性は男らしくない、あるいは男性は女性を従えるべきだ … など、toxic masculinity（有害な男らしさ）の例はさまざま。

Date	STEP 0 Check	STEP 1 Listen	STEP 2 Overlap	STEP 3 Shadowing	STEP 4 my-oto-mo
/					%
	STEP 5 Recording				

DAY 310

🎧222
一言伝えたいとき

Today's Lines ▶ Business Conversations ［ビジネス英会話］

A: I just want to say that you made some excellent points in your project presentation. 🎤

B: I appreciate your kind words. 🎤

A: Your ideas were incredibly new and exciting, and thanks to your presentation, the project got approved. Everyone was pleased with the result. 🎤

B: I'm glad to hear that. 🎤

▼
A：一言だけ言いたいんだけど、企画のプレゼンテーションで素晴らしい説明をしていたね。
B：優しい言葉、ありがとう。
A：君のアイデアは驚くほど斬新でワクワクするものだったし、君のプレゼンテーションのおかげで企画が通ったよ。皆この結果に喜んでいたよ。
B：それはよかった。

▶ **解説**

I just want to say that 〜. は、何か一言だけ相手に伝えたいときに使う表現です。just（ただ〜なだけ）があるので、「ただ一言伝えたいだけなのですが」というニュアンスになります。excellent は「素晴らしい」、appreciate は「〜をありがたく思う」、get approved は「承認される」。

▶ **音読ポイント**

incredibly「インクレディブリィ」は「レ」にアクセントが置かれます。「ク」を弱めに発音して「イン・クレディブリィ」のように分けて読むのがポイント。

Useful Tidbits

be pleased with 〜（〜に喜ぶ）の関連表現に、*be* satisfied with 〜（〜で満足している）があります。前者は喜びの感情が強く、一方で後者は希望や欲求が満たされ、心が充足した状態を表します。

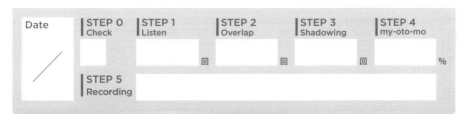

Date	STEP 0 Check	STEP 1 Listen	STEP 2 Overlap	STEP 3 Shadowing	STEP 4 my-oto-mo
/			回	回	回	%
	STEP 5 Recording				

DAY 311

🎧223
デニスは何ができた？

Today's Lines | Tongue Twisters［早口言葉］

Denise sees the fleece, Denise sees the fleas. At least Denise could sneeze and feed and freeze the fleas.

▼
デニスは羊毛を見て、デニスはノミを見る。少なくともデニス
は、くしゃみをすることも、ノミにエサをやることもノミを凍
らせることもできる。

▶ **解説**

「イー」の音をたくさん含む早口言葉。at least は「少なくとも」を意味する表現です。We need at least five people.（少なくとも5人は必要です）のように、数詞を続けて最低限の必要な数を表すこともできる便利な表現です。fleece は「羊毛」、flea は「ノミ」、sneeze は「くしゃみをする」。

▶ **音読ポイント**

fleas「フリーズ」の f は上の歯を下唇に触れた状態で息を出します。また、s は「ズ」の音になるので、舌を上の歯の裏に近づけて発音しましょう。

Useful Tidbits

英語圏では、誰かがくしゃみをしたら Bless you. と声をかけるのがマナー。これは、May God bless you.（神のお恵みがありますように）を短縮したもの。あまり深い意味はなく、要するに「お大事に!」のニュアンスです。

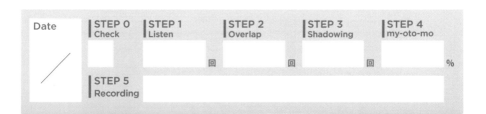

Date	STEP 0 Check	STEP 1 Listen	STEP 2 Overlap	STEP 3 Shadowing	STEP 4 my-oto-mo
/					%
	STEP 5 Recording				

DAY 312

🎧224
家に招待

A: Come in, Jack! Please make yourself at home. 🎙①

B: Thank you. Your place is really nice. 🎙②

A: I'm glad you think so. How was your journey here? 🎙③

B: Actually, I got a little lost on the way. 🎙④

A: I can imagine. The roads can be pretty confusing around here. 🎙⑤

▼
A：いらっしゃい、ジャック！　どうぞくつろいで。
B：ありがとう。君の家は本当に素敵だね。
A：そう思ってもらえてうれしいわ。ここまでの道のりはどうだった？
B：実は、途中でちょっと道に迷ってしまったよ。
A：でしょうね。このあたりは道が結構わかりにくいから。

▶ 解説

Please make yourself at home. は「どうぞくつろいでください」を意味する表現。誰かを自分の家に呼んで、もてなすときに使います。直訳すると「あなた自身を、自分の家にいるような状態にしてください」、つまり「自分の家のようにくつろいでください」という意味です。journey は「道のり」、get lost は「道に迷う」、confusing は「混乱させる」。

Useful Tidbits

アメリカではPlease make yourself at home. と言われたら、言葉通りに自分の家かのように振る舞います。とても親しい関係性ならば、許可を取らずに冷蔵庫などを勝手に開けて飲み食いしてしまうことも。

▶ 音読ポイント

journey「ヂャーニィ」は「ヂャ」の発音がポイント。口を丸くすぼめて、舌を上の歯の裏にあてて発音しましょう。

Date	STEP 0 Check	STEP 1 Listen	STEP 2 Overlap	STEP 3 Shadowing	STEP 4 my-oto-mo
/					%

STEP 5 Recording	

DAY 313

🎧225
モモの物語 45

After the performance, the elderly couple spoke to Momo.
"That was such a wonderful performance. Shall we go home now?" 🎤
Momo nodded with satisfaction. On the way home, she looked up at the sky and saw the Southern Cross shining.
"I had a good day today." 🎤

▼

演奏が終わると老夫婦はモモに話しかけました。
「素敵な演奏だったわね。そろそろ家に帰ろうかしら？」
モモは満足気にうなずきました。家への帰り道、空を見上げる
と南十字星が輝いていました。
「いい1日だったな…」

▶ 解説

have a good day は「いい日を過ごす」という意味の表現。I had a good day today. で、「今日1日いい日だった、楽しかった」というニュアンスを伝えられます。ちなみに、家を出る家族に対して Have a good day!（行ってらっしゃい！）と言って、「いい日を過ごしてね」というニュアンスを伝えることもできます。nod は「うなずく」、satisfaction は「満足」。

▶ 音読ポイント

looked up at は単語同士の音がつながり、特に読みにくい部分です。「ルックタップァッ」のように読んでみましょう。

Useful Tidbits

赤道付近や南半球に位置するいくつかの国は、国旗に南十字星を表したデザインが施されています。オーストラリアやニュージーランドの国旗には、ユニオンジャックのそばに南十字星があります。

Date	STEP 0 Check	STEP 1 Listen	STEP 2 Overlap	STEP 3 Shadowing	STEP 4 my-oto-mo
/			▣	▣	▣	%
	STEP 5 Recording				

DAY 314 - 315
5日間のおさらい

下記のDAYの音読を再度行いましょう。
それぞれ自分の音読をmy-oto-moで判定してベストスコアを
書き込みましょう。また、再度録音してみて、その気づきを
Recording欄に書き込んでおくと今後の参考になります。

DAY 309 🎧 221

Date   my-oto-mo   Recording

%

DAY 310 🎧 222

Date   my-oto-mo   Recording

%

DAY 311 🎧 223

Date   my-oto-mo   Recording

%

DAY 312 🎧 224

Date   my-oto-mo   Recording

%

DAY 313 🎧 225

Date   my-oto-mo   Recording

%

DAY 316

🎧226
オフィス用品の購入

A: Jane, one of our printers seems to be broken. 🎤

B: Yes, I was going to get us a new one. Could you prepare the paper work for the purchasing department? 🎤

A: I'll do it right away. 🎤

B: Thank you. Please remember that you'll need to get the manager to sign it. 🎤

▼
A：ジェーン、プリンターが1台壊れているみたいだよ。
B：そう、新しいのを手配しようとしていたところよ。購買部用に、書類を準備してもらえる？
A：すぐにやるよ。
B：ありがとう。マネージャーに署名してもらう必要があること、忘れないでおいてね。

▸ 解説

I was going to do 〜. は「私は〜する予定でした」と伝える表現。未来を表す be going to do 〜（〜する予定だ、〜するつもりだ）が過去形になったものです。また、get A to do は「Aに〜してもらう」という意味の表現。purchasing department は「購買部」、right away は「すぐに」。

▸ 音読ポイント

right away は「ゥライダウェイ」のように発音し、t は濁って聞こえます。

Useful Tidbits

日本では契約をする際や郵便物を受け取る際にハンコを押す文化がありますが、英語圏はサインで対応することが一般的。近年では、サインの偽造を防ぐための電子署名も普及しています。

Date	STEP 0 Check	STEP 1 Listen	STEP 2 Overlap	STEP 3 Shadowing	STEP 4 my-oto-mo
/					%

	STEP 5 Recording	

DAY 317

🎧227
色彩マーケティング

Color is a highly significant element in marketing. It impacts consumer decision-making and greatly influences the impression consumers have of a brand. 🔈 For instance, warm colors like red, orange, and yellow stimulate appetite, so they are frequently used for logos of companies in the food industry. 🎤

▼
色はマーケティングにおいて非常に重要な要素です。消費者の意思決定に影響を与えると同時に、消費者が抱くブランドに対する印象にも大きな影響を与えます。たとえば、赤、オレンジ、そして黄色といった暖色は食欲を刺激するため、食品業界の企業のロゴに頻繁に使用されています。

▶ 解説

For instance は「たとえば」を意味する表現で、後ろには具体例が続きます。For example に言い換えて使うこともできます。significant は「重要な」、stimulate は「〜を刺激する」、appetite は「食欲」。

▶ 音読ポイント

「非常に」を意味する highly は「ハイリィ」と発音します。gh の部分は「グ」と読まない、ということを覚えておきましょう。

Useful Tidbits

色が消費者に与える印象はさまざま。ちなみに、青色は「信頼」「責任感」「安心」という印象を強く与える色だと言われています。クレジット会社や保険会社、銀行などの多くがロゴに青を取り入れています。

Date	STEP 0 Check	STEP 1 Listen	STEP 2 Overlap	STEP 3 Shadowing	STEP 4 my-oto-mo
/		回	回	回	%
	STEP 5 Recording				

DAY 318

🎧228
おいしいバター

Betty bought some butter but the butter Betty bought was bitter. So Betty bought some better butter, and the better butter Betty bought was better than the bitter butter Betty bought before.

▼
ベティーはバターを買ったがベティーが買ったバターは苦かった。だからベティーはよりよいバターを買った。そしてベティーが買ったよりよいバターは、ベティーが前に買った苦いバターよりもよかった。

▶ **解説**
bで始まる似た音の単語が連続する早口言葉。それぞれBetty（ベティ［人の名前］）、butter（バター）、bitter（苦い）、better（よりよい）を意味します。butterは不可算名詞で、単語の後ろにsはつきません。

▶ **音読ポイント**
betterやbutterはtの発音が弱くなります。「ベター」は「ベラー」、「バター」は「バラー」のように発音します。

Useful Tidbits
アメリカではpeanut butter（ピーナッツバター）が大人気。サンドイッチやクラッカーに塗って食べることが多いです。

Date	STEP 0 Check	STEP 1 Listen	STEP 2 Overlap	STEP 3 Shadowing	STEP 4 my-oto-mo
/					%

	STEP 5 Recording	

DAY 319

🎧229
場所を尋ねるとき

Today's Lines ▶ Daily Conversations［日常英会話］

A: Excuse me. Could you tell me where the restroom is? 🎤

B: There's no restroom on this floor. There's one on the second and the third floor. 🎤

A: I see. That's why I couldn't find one on this floor. 🎤

B: The escalator is over there. You can also find a floor plan next to the escalator. 🎤

▼

A：すみません。お手洗いがどこか教えていただけますか？

B：この階にお手洗いはございません。2階と3階に1か所ずつ ございます。

A：そうですか。どうりで見つけられなかったわけですね。

B：エスカレーターは向こうにございます。エスカレーターの 横にはフロア案内もございますよ。

▶ **解説**

That's why SV ～.は「だからSがVなんです」を意味する表現。本文のThat's why I couldn't find one on this floor. は、「だから私はこの階で（トイレを）見つけられなかった」、つまり「どうりで見つけられなかったわけだ」を意味しています。over there は「向こうに」、floor plan は「間取り図、フロア案内」。

▶ **音読ポイント**

escalator は「エスカァレエイタァ」と発音し、e「エ」と la「レェ」にアクセントを置きます。

Useful Tidbits

イギリス英語では公共施設の「お手洗い」のことをtoilet と呼びますが、アメリカ英語ではrestroom と呼ぶのが一般的。実は、**アメリカ英語でtoilet は「便器」を意味します。**

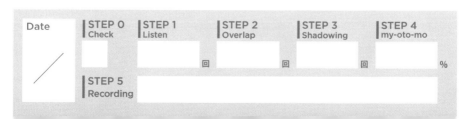

Date	STEP 0 Check	STEP 1 Listen	STEP 2 Overlap	STEP 3 Shadowing	STEP 4 my-oto-mo
/					%
	STEP 5 Recording				

DAY 320

🎧 230
モモの物語 46

Today's Lines Stories［物語］

It had been a week since Momo joined the family of an elderly Australian couple. And today, Momo visited the zoo with them and their grandson. Animals such as koalas, wombats, and kangaroos were there. The boy got excited and said,
"There are so many animals to see!"

▼

モモがオーストラリア人の老夫婦の家族に加わって1週間。そして今日、モモは老夫婦とその孫と一緒に動物園を訪れました。園内にはコアラやウォンバット、カンガルーなどの動物がいました。
「動物がたくさん！」男の子は興奮して言いました。

▶ 解説
such as 〜は「（たとえば）〜といった」を意味する表現。fruits such as apples, bananas, and oranges（リンゴ、バナナ、そしてオレンジといった果物）のように、具体例を挙げるときに便利な表現です。zoo は「動物園」、grandson は「（男の）孫」。

▶ 音読ポイント
koalas は「コゥアーラズ」と読みます。1つ目の a「アー」の部分を強く読むように意識しましょう。

Useful Tidbits
オーストラリアと言えば、動物大国。有名な固有種はほかにも、quokka（クオッカ）、Tasmanian devil（タスマニアデビル）、emu（エミュー）などがいます。

Date	STEP 0 Check	STEP 1 Listen	STEP 2 Overlap	STEP 3 Shadowing	STEP 4 my-oto-mo
/					%
	STEP 5 Recording				

DAY 321-322
5日間のおさらい

下記のDAYの音読を再度行いましょう。
それぞれ自分の音読をmy-oto-moで判定してベストスコアを
書き込みましょう。また、再度録音してみて、その気づきを
Recording欄に書き込んでおくと今後の参考になります。

DAY 316 🎧 226

Date　　　　my-oto-mo　Recording

%

DAY 317 🎧 227

Date　　　　my-oto-mo　Recording

%

DAY 318 🎧 228

Date　　　　my-oto-mo　Recording

%

DAY 319 🎧 229

Date　　　　my-oto-mo　Recording

%

DAY 320 🎧 230

Date　　　　my-oto-mo　Recording

%

DAY 323

🎧231
フット・イン・ザ・ドア・テクニック

The foot-in-the-door technique is a psychological technique where you start with a small request initially and then gradually make larger requests. 🎙 By beginning with a simple request, it is said that it is much easier for the other party to say yes. 🎙

▼
フット・イン・ザ・ドア・テクニックとは、最初に小さな要求から始めて徐々に大きな要求を行う心理学的なテクニックです。簡単な要求から始めることで、相手が「はい」と言いやすくなると言われています。

▶ 解説

start with 〜は「〜から始める」という意味の表現。start with a small request で「小さな要求（＝お願い）から始める」を意味します。また、party は「（大勢が集まる）パーティー」という意味ではなく、ここでは「相手、先方」の意味。psychological は「心理学的な」、initially は「最初に」、make a request は「要求する」。

▶ 音読ポイント

technique の発音は、アクセントを ni「ニー」の部分に置き、「テクニーク」と発音します。te「テ」の部分にアクセントを置く、日本語のカタカナ発音に惑わされないように注意。

Useful Tidbits

door-in-the-face technique（ドア・イン・ザ・フェイス・テクニック）と呼ばれるテクニックも。これは、**本命の要求を通すためにまず過大な要求を行い、断られたらそれよりも小さな（本命の）要求を出す**テクニックのこと。フット・イン・ザ・ドア・テクニックと同様、ビジネスにおける交渉術の1つです。

Date	STEP 0 Check	STEP 1 Listen	STEP 2 Overlap	STEP 3 Shadowing	STEP 4 my-oto-mo
/		回	回	回	%

	STEP 5 Recording	

DAY 324

🎧232
資料作成の手伝い

Today's Lines ▶ Business Conversations ［ビジネス英会話］

A: I've finished all my tasks for today, Mr. Fujita. Is there anything I can do for you? 🎤

B: Please help me with the preparations for tomorrow's meeting. Could you staple these printed pages together? I need to put together twenty pamphlets. 🎤

A: Sure thing. I'll do that and place one on each seat. 🎤

▼
A：フジタさん、今日の仕事はすべて終わりました。何かお手伝いできることはありますか？

B：明日の会議に向けた準備を手伝ってほしいです。これらの印刷したページをホチキス留めしてもらえますか？ パンフレットを20部作成する必要があるんです。

A：もちろんです。作って、各席に1部ずつ置いておきます。

▶ **解説**

「何か私にできることはありますか？」と相手に声をかけるときは、Is there anything (that) I can do for you? という表現を使いましょう。anything は「何か」、I can do for you は「あなた（のため）にできること」を意味します。本文のように、that は省略可能です。staple は「～をホチキスで留める」、put together ～は「～を作る、～をまとめる」。

▶ **音読ポイント**

I've finished の I've は下唇をかみ、ブルブルと振動を感じながら「アイヴ」と発音します。

Useful Tidbits

「ホチキス」「ホッチキス」は英語で stapler（ステープラー）と言います。明治時代に伊藤喜商店（現在は株式会社イトーキ）がアメリカから輸入したステープラーが E.H. ホッチキス社製だったため、日本では「ホッチキス」と呼ばれるようになりました。

Date	STEP 0 Check	STEP 1 Listen	STEP 2 Overlap	STEP 3 Shadowing	STEP 4 my-oto-mo
/					%

STEP 5 Recording	

DAY 325

🎧233
お金のもつれがもたらす災難

Today's Lines ▶ Proverbs［ことわざ］

When poverty comes in at the door, love flies out of the window.

▼
金の切れ目が縁の切れ目

▶ **解説**

直訳すると、「玄関から貧乏が入ってくると、愛情は窓から飛び出していく」。out of ～には「～から外へ」というニュアンスがあり、fly out of ～で「～から飛び立つ」という意味を表します。poverty は「貧困」。

▶ **音読ポイント**

poverty は「**ポヴァティー**」、comes in は「**カムズィン**」と濁らせて発音します。

Useful Tidbits

come in は「入ってくる」という意味。**May I come in?**（［面接室に］入ってもいいですか?）／ **Please come in.**（どうぞお入りください）のように、英語の面接試験でもよく使う表現です。

Date	STEP 0 Check	STEP 1 Listen	STEP 2 Overlap	STEP 3 Shadowing	STEP 4 my-oto-mo
/					%

STEP 5 Recording	

DAY 326

🎧234
大切なイヤホン

Today's Lines ▶ Daily Conversations ［日常英会話］

A: **Hi, Amy. How are you?** 🎤

B: **I'm fine, Takeru. What are you doing here?** 🎤

A: **Actually, I'm looking for my earphones.** 🎤

B: **I can help you do that if you like. I have some time now.** 🎤

A: **Thank you. I lost them on my way to school this morning.** 🎤

▼
A：やあ、エイミー。調子はどう？
B：元気よ、タケル。ここで何をしているの？
A：実は、イヤホンを探しているんだ。
B：よければ、探すのを手伝うわ。今、少し時間があるから。
A：ありがとう。今朝学校に向かう途中でなくしたんだ。

▶ **解説**

I have some time now. は「今、少し時間がありますよ」を意味する表現。誰かに手伝いを申し出るときに使いましょう。some は「いくらか」を意味する単語。help *A do* は「Aが〜するのを手伝う」、on *one's* way to 〜は「〜に向かう途中で」。

▶ **音読ポイント**

What are you doing? はつなげて「**ワラーユードゥーイン（グ）**」のように発音しましょう。doing のg の音はほとんど読まれません。

Useful Tidbits

How are you? と聞かれた際には、必ずしもGreat. やI'm fine. のように調子を答える必要はありません。会話を始めるHi. のような感覚で、日常的に頻繁に使われます。

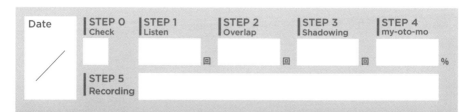

Date	STEP 0 Check	STEP 1 Listen	STEP 2 Overlap	STEP 3 Shadowing	STEP 4 my-oto-mo
/			回	回	回	%
	STEP 5 Recording				

DAY 327

🎧235
モモの物語 47

Momo gazed at the animals. Suddenly, a kangaroo approached her. 🎤 The kangaroo asked,
"Hey, you're a cat, right? It's kinda funny that a cat has come to the zoo. Who are you and why are you here?" 🎤
"Well, I came from Japan," Momo replied hesitantly. 🎤

▼
モモは動物たちをじっと見ていました。すると突然、1頭のカンガルーが彼女に近寄ってきました。カンガルーは尋ねました。
「お前、猫だよな？ 猫なのに動物園に来たなんて、なんか笑っちまうぜ。お前は一体何者で、なんでここにいるんだ？」
「ええと、私、日本から来たんです」
モモはためらいながら答えました。

▶ 解説
I came from 〜. は「〜から来ました」という意味の表現。住んでいる場所や出身地を含め、どこかの拠点からやってきた、というニュアンスです。ちなみに、「出身は〜で育ちは…です」と言いたいときは、I was born in 〜 but raised in ...（〜生まれ、…育ちです）のように表します。gaze at 〜 は「〜をじっと見つめる」、hesitantly は「ためらいながら」。

▶ 音読ポイント
「ちょっと、なんだか」を意味する kinda は「**カインダ**」と発音します。元々は kind of という表現だったものがスラング化し、kinda になっています。

Useful Tidbits
物語でカンガルーは Why are you here?（なんでここにいるんだ？）という表現を使っていますが、これはやや上からで失礼な印象を与えかねません。丁寧に伝えたいときには、**What brought you here?** を使いましょう。「何があなたをここに連れてこさせたの？」つまり「どうしてここに来たのですか？」を意味します。

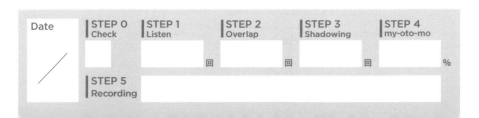

Date	STEP 0 Check	STEP 1 Listen	STEP 2 Overlap	STEP 3 Shadowing	STEP 4 my-oto-mo
/		◎	◎	◎	%
	STEP 5 Recording				

DAY 328-329
5日間のおさらい

下記のDAYの音読を再度行いましょう。
それぞれ自分の音読をmy-oto-moで判定してベストスコアを
書き込みましょう。また、再度録音してみて、その気づきを
Recording欄に書き込んでおくと今後の参考になります。

DAY 323 🎧 231

Date   my-oto-mo   Recording

%

DAY 324 🎧 232

Date   my-oto-mo   Recording

%

DAY 325 🎧 233

Date   my-oto-mo   Recording

%

DAY 326 🎧 234

Date   my-oto-mo   Recording

%

DAY 327 🎧 235

Date   my-oto-mo   Recording

%

DAY 330

🎧236
絶景を前にして

Today's Lines ▶ Daily Conversations [日常英会話]

A: Hey, Ami! Come and look. You can see the ocean from here. 🎙

B: Wow! What a beautiful view of the ocean! 🎙

A: Right? I've wanted to show you this for a long time. 🎙

B: This is definitely the best ocean view I've ever seen. Thank you. 🎙

A: It's my pleasure. 🎙

▼

A：ねえアミ！　こっちに来て見て！　ここから海が見えるよ！
B：わぁ！　なんてきれいなオーシャンビューなの！
A：でしょう？　ずっとこれを君に見せたかったんだ。
B：間違いなく、私が今まで見た中で最高のオーシャンビューだわ。ありがとう。
A：どういたしまして。

▶ **解説**

the best 〜 I've ever ... は「今まで…した中で一番〜」という意味。the best movie I've ever seen（今まで見た中で一番いい映画）のように使います。

▶ **音読ポイント**

definitelyはtの音が消えるように意識しながら、「デフィニッリー」と発音します。

Useful Tidbits

日本人がよく使う、「こっちに来て」という手の甲を上に向けた手招きのジェスチャーは、アメリカなどでは相手を「シッシッ」と追い払うジェスチャーに見えることも。文化によってジェスチャーの意味に違いがあるので、要注意です。

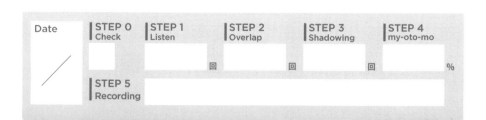

Date	STEP 0 Check	STEP 1 Listen	STEP 2 Overlap	STEP 3 Shadowing	STEP 4 my-oto-mo
/			回	回	回	%

STEP 5 Recording	

DAY 331

🎧237
追加の依頼

A: **How's the project going?** 🎙️

B: **Well, the client has requested some additional illustrations. We need to send them by September 4.** 🎙️

A: **Next Monday? Then we must start work on them as soon as possible.** 🎙️

B: **Yes, that's next Monday. Luckily, I can spare enough time to get them done.** 🎙️

▼
A：プロジェクトの進行具合はどうですか？
B：ええと、クライアントから追加イラストの依頼がありました。9月4日までに送らなければいけません。
A：次の月曜日ですか？　ではできるだけ早く取り掛かり始めなければいけませんね。
B：はい、来週の月曜日です。幸運なことに、それに十分な時間を割けそうです。

▶ **解説**
spare time は「時間を割く」という意味の表現。enough は「十分な」を意味し、I can spare enough time で「十分な時間を割けそうです」となります。additional は「追加の」、luckily は「幸運にも」、get A done は「A を済ませる、やり終える」。

▶ **音読ポイント**
日付は序数で読むため、4 は fourth「フォース」と発音します。上下の歯で舌を挟み、th を発音しましょう。また、work on は「ワーク オン」と区切らずに「ワーコン」とつなげて読みます。

Useful Tidbits

as soon as possible は asap や A.S.A.P. のように表記し、ビジネスメールで使うことがあります。「アサップ」や「エイサップ」と読むことが多いです。このような省略表現の例はほかにも、「エフワイアイ」と呼ばれる FYI (for your information［参考までに］) があります。

Date	STEP 0 Check	STEP 1 Listen	STEP 2 Overlap	STEP 3 Shadowing	STEP 4 my-oto-mo
/					%
	STEP 5 Recording				

DAY 332

🎧238
ギフテッド

"Gifted" is a term used to describe individuals who possess innate high intelligence or exceptional abilities in specific areas. 🎙 Some gifted children demonstrate their advanced abilities from an early age, such as understanding high school-level equations while in elementary school or possessing an extensive vocabulary that surprises adults. 🎙

▼
「ギフテッド」とは、生まれつき高い知能や特定の分野における優れた能力を持つ個人を表現するために使用される言葉です。ギフテッドの子どもの中には、小学校時代に高校生レベルの方程式を理解したり、大人たちを驚かせるほどの豊富な語彙を持っていたりするなど、幼い頃から高度な能力を示す子どももいます。

▶ 解説

demonstrate *one's* ability は「能力を発揮する」という意味の表現。demonstrate は「〜を実際に見せる、〜を証明する」を意味する動詞です。また、possess は「〜を所有する、〜を持っている」を意味し、have よりも堅い言い方です。innate は「先天的な」、intelligence は「知能」、equation は「方程式」、extensive は「広範囲の」。

▶ 音読ポイント

possess の発音は「**ポゼェス**」です。se の部分は濁って読むことがポイント。また innate は「インネイト」ではなく、「**イネイ（トゥ）**」と発音します。

Useful Tidbits

神から（才能という）贈り物（＝gift）が与えられた、という意味で gifted（ギフテッド）という名前がつけられました。

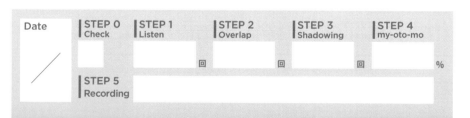

Date	STEP 0 Check	STEP 1 Listen	STEP 2 Overlap	STEP 3 Shadowing	STEP 4 my-oto-mo
/					%

	STEP 5 Recording	

DAY 333

🎧239
ゴッホの言葉

Today's Lines ▶ Quotes [名言]

> "The more I think about it, the more I realize there is nothing more artistic than to love others."
> —Vincent van Gogh

▼
「そのことについて考えれば考えるほど、私は他者を愛すること以上に芸術的なものは何もないということに気づく」
—フィンセント・ファン・ゴッホ

▶ **解説**
〈The ＋比較級 〜, the ＋比較級 …〉は、「〜すればするほど…」という意味を表す表現。たとえば、The harder you study, the more you can learn.（勉強すればするほど、もっと学ぶことができます）のように表現できます。artistic は「芸術的な」。

▶ **音読ポイント**
about it は、「アバウリッ（トゥ）」のようにつなげて発音することを意識しましょう。

Useful Tidbits

フィンセント・ファン・ゴッホはオランダ出身のポスト印象派の画家。代表作には『ひまわり』、『アイリス』などがあります。ちなみに、英語ではGogh は「ゴッホ」ではなく「ゴゥ」と発音します。

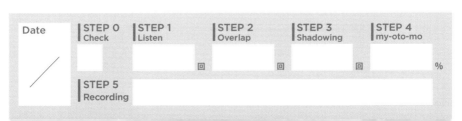

Date	STEP 0 Check	STEP 1 Listen	STEP 2 Overlap	STEP 3 Shadowing	STEP 4 my-oto-mo
/		回	回	回	%
	STEP 5 Recording				

DAY 334

🎧240
モモの物語 48

Today's Lines 〉 Stories［物語］

Momo thought a little and then replied,
"I've traveled through various countries using a mysterious power. Somehow, I've ended up in Australia..." 🎤
Momo shared what she experienced during the trip with the kangaroo.
"So, does that mean you're going to another country again?" he asked. 🎤

▼

モモは少し考え、それからこう返しました。
「私、不思議な力を使って、これまでさまざまな国を転々としてきたんです。なぜか、今はオーストラリアにいて…」
モモはこれまでの旅で経験したことをカンガルーに話しました。
「で、また違う国に行くってわけか？」
彼は尋ねました。

▶ **解説**
Does that mean SV 〜? は「それはSがVするということですか?」を意味する表現。相手が言ったことに対して、「あなたが言っていることはこういう意味ですか?」と確認するときに使える便利な表現です。various は「さまざまな」、mysterious は「不思議な」。

▶ **音読ポイント**
through「スルー」の発音は難しいので要注意。th は上下の歯の間に舌を軽く挟み、舌を後ろに引きながら「ス」と発音します。

Useful Tidbits
オーストラリアの一部地域では、車の運転中にカンガルーが道に飛び出してくる危険性が。衝突するとカンガルーの命が危ないだけでなく、車も壊れてしまうため、カンガルー除け専用のバンパーを取りつけている車も多くあります。

Date	STEP 0 Check	STEP 1 Listen	STEP 2 Overlap	STEP 3 Shadowing	STEP 4 my-oto-mo
/					%
	STEP 5 Recording				

DAY 335 - 336
5日間のおさらい

下記のDAYの音読を再度行いましょう。
それぞれ自分の音読をmy-oto-moで判定してベストスコアを
書き込みましょう。また、再度録音してみて、その気づきを
Recording欄に書き込んでおくと今後の参考になります。

DAY 330 🎧 236

Date　　　　my-oto-mo　　Recording

%

DAY 331 🎧 237

Date　　　　my-oto-mo　　Recording

%

DAY 332 🎧 238

Date　　　　my-oto-mo　　Recording

%

DAY 333 🎧 239

Date　　　　my-oto-mo　　Recording

%

DAY 334 🎧 240

Date　　　　my-oto-mo　　Recording

%

DAY 337

🎧241
ブランチの誘い

Today's Lines ▶ Business Conversations［ビジネス英会話］

A: Hi, Sara. You look tired today. 🎤

B: Yeah... I was up all night working on this report. Could you have a look at it for me? 🎤

A: Of course. I don't have time today, but I do tomorrow. How about having brunch together? I can tell you what I think while we are eating. 🎤

B: Thanks! 🎤

▼
A：やぁ、サラ。今日はお疲れのようだね。
B：そうなの…。徹夜でこのレポートに取り組んでいたの。目を通してくれないかしら？
A：もちろん。今日は時間がないけど明日ならあるよ。一緒にブランチでもどう？ 食べながら、意見を伝えられるよ。
B：ありがとう！

▶ 解説
相手の様子を見て感じたことを伝えるときは、You look 〜.（あなたは〜そうですね）という表現が便利。tired（疲れている）以外にも、pale（顔色が悪い）、sleepy（眠い）などの形容詞を使うこともできます。work on 〜は「〜に取り組む」、have a look at 〜は「〜をちらりと見る」。

▶ 音読ポイント
up all night は「アッポォーナイ（トゥ）」と発音すると、よりネイティブらしく聞こえます。

Useful Tidbits
brunch はbreakfast（朝食）とlunch（昼食）が合わさってできた語。朝昼兼用の食事のことを指します。日本でも「ブランチ」という言葉をよく耳にしますね。

Date	STEP 0 Check	STEP 1 Listen	STEP 2 Overlap	STEP 3 Shadowing	STEP 4 my-oto-mo
/		回	回	回	%
	STEP 5 Recording				

DAY 338

🎧242
PREP 法

The PREP method is a way of conveying information effectively in written or spoken communication. PREP stands for Point, Reason, Example, and Point. 🎙 It involves starting with the main point, providing reasons that support it, giving specific examples, and concluding by restating the main point. 🎙 This approach allows for communication with the audience or reader to be easy-to-understand and persuasive. 🎙

▼

PREP 法とは、文章や口頭でのコミュニケーションにおいて情報を効果的に伝えるための方法のことです。PREP とは、Point（結論）、Reason（理由）、Example（具体例）、Point（結論）の頭文字を表します。これは、まず主要な結論から始め、結論を支える理由を提供し、具体的な例を示し、最後に主要な結論を再度述べて締めくくる、というアプローチです。この方法は、聞き手や読み手にとって理解しやすく、かつ説得力のあるコミュニケーションを考慮に入れています。

▶ 解説

convey information は「情報を伝える」という意味の表現。convey は、「～を伝える、～を運ぶ」を表す動詞です。「物を運ぶ」という意味で使うだけではなく、「思想・感情・情報など抽象的なものを伝える」という意味でも使う、万能な動詞です。stand for ～ は「(略語が) ～を表す」、restate は「～を再び述べる」、persuasive は「説得力のある」。

▶ 音読ポイント

PREP 法の頭文字が表す 4 つの言葉、Point, Reason, Example, and Point の部分は特に強調して、**1つ1つの単語をゆっくり・はっきり音読しましょう。**

Useful Tidbits

point は「要点」を意味する言葉。つまり、ここでは「結論」と訳されています。「結論」を意味する英単語には、ほかにも conclusion や bottom line などがあります。The bottom line is that SV ～. (結論は S が V だということです) のように使います。

Date	STEP 0 Check	STEP 1 Listen	STEP 2 Overlap	STEP 3 Shadowing	STEP 4 my-oto-mo
/					%
	STEP 5 Recording				

DAY 339

🎧243
缶がいっぱい

Can you can a can as a canner can can a can?

▼
あなたは缶詰業者が缶を缶詰めできるように、缶を缶詰めでき
ますか？

▶ 解説

Can you 〜？（〜できますか？）で始まり、動詞のcan（〜を缶詰
めにする）と名詞のcan（缶）、助動詞のcan（〜できる）が並んだ
早口言葉。canner は「缶詰業者」を意味します。Can you can a
can 「あなたは缶を缶詰めできますか？」と as a canner can can
a can 「缶詰業者が缶を缶詰めできるように」の2つに分けて考え
ると理解しやすいです。

▶ 音読ポイント

canのaは「エ」と「ア」の中間の音で、「キェアン」と発音します。
Can you can a can 「あなたは缶を缶詰めできますか」までを一区
切りにして読みましょう。

Useful Tidbits

缶を開ける道具である「缶
切り」は、アメリカ英語で
can opener と呼びます。
一方で、イギリス英語では
tin opener と呼ぶことも。
tin はイギリス英語で「缶」
の意味。

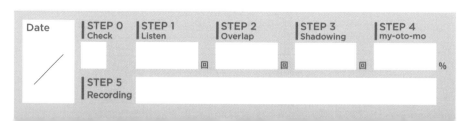

Date	STEP 0 Check	STEP 1 Listen	STEP 2 Overlap	STEP 3 Shadowing	STEP 4 my-oto-mo
/					%
	STEP 5 Recording				

DAY 340

🎧244
家でゴロゴロ

Today's Lines ▶ Daily Conversations ［日常英会話］

A: Adam! What time do you think it is? 🎤

B: I don't know, Mom. I'm in the middle of watching a really good game. 🎤

A: You've been in front of your computer all morning... 🎤

B: Is that a bad thing? 🎤

A: It's a beautiful day outside. It's important to get some fresh air and exercise. 🎤

▼
A：アダム！　今、何時だと思う？
B：知らないよ、ママ。今すごくいい試合の途中なんだ。
A：午前中ずっとパソコンの前にいるじゃない。
B：そんなに悪いことかな？
A：外はいい天気よ。新鮮な空気を吸って運動するのは大切よ。

▶ 解説

何かをしている最中であることを伝えるときは、in the middle of
～（～の途中）という表現が使えます。空間・位置を表し、「～の真
ん中」という訳になることも。fresh は「新鮮な」、exercise は「運
動する」。

▶ 音読ポイント

really は程度を強調する語なので、「すごくいい試合」ということを
強調するために、少しゆっくり・はっきり発音するのがポイントで
す。「ゥリーリィ」と読むイメージで。

Useful Tidbits

「テレビばかり見てだらだら
としている人」のことを
couch potato と言います。
直訳すると「ソファのじゃ
がいも」ですが、「1日中ソ
ファの上でぐうたらしてい
る人」のことを表現します。

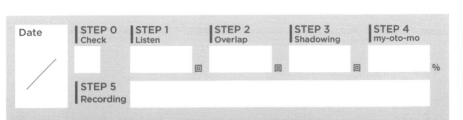

Date	STEP 0 Check	STEP 1 Listen	STEP 2 Overlap	STEP 3 Shadowing	STEP 4 my-oto-mo
/		回	回	回	%
	STEP 5 Recording				

DAY 341

🎧245
モモの物語 49

Today's Lines ▶ Stories ［物語］

Momo found herself reminiscing about her life in Japan and her beloved owner, Oto. ❶ "You know, I do think traveling to different countries is so much fun, but now I'm starting to miss my family and home. I want to travel more, but I want to go back home as well. I have mixed feelings." ❷

▼
モモは気がつくと、日本での生活と愛する飼い主のオトに思いをはせていました。「違う国を旅するのはとても楽しいんですよ。でも、今は家族や家を恋しく感じ始めている自分もいます。もっと旅に出たいけど、家に帰りたい気持ちもあります。そんな、複雑な気持ちなんです」

▶ **解説**
I have mixed feelings. は「複雑な気持ちです」を意味する表現。mixed は「混じった」を表す形容詞で、feelings は「感情、心情」を表す名詞。mixed feelings（混じった感情）、つまり「複雑な気持ち」を意味しています。

▶ **音読ポイント**
「回想する、過去のことを思い出す」を意味する動詞、reminisce。ing 形の reminiscing は、re「レ」と ni「ニ」の部分にアクセントを置き「レミニスィン(グ)」と発音します。

Useful Tidbits
beloved は「愛する、最愛の（人）」を意味する言葉。my beloved で「私の愛しい人、私の愛しい恋人」を意味します。また、「愛用の」という意味で、物に対しても使うことができます。

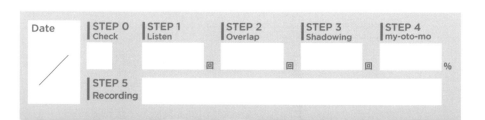

Date	STEP 0 Check	STEP 1 Listen	STEP 2 Overlap	STEP 3 Shadowing	STEP 4 my-oto-mo
/		回	回	回	%
	STEP 5 Recording				

DAY 342-343
5日間のおさらい

下記の DAY の音読を再度行いましょう。
それぞれ自分の音読を my-oto-mo で判定してベストスコアを
書き込みましょう。また、再度録音してみて、その気づきを
Recording 欄に書き込んでおくと今後の参考になります。

DAY 337  241

Date　　　　my-oto-mo　　Recording

%

DAY 338 🎧 242

Date　　　　my-oto-mo　　Recording

%

DAY 339 🎧 243

Date　　　　my-oto-mo　　Recording

%

DAY 340 🎧 244

Date　　　　my-oto-mo　　Recording

%

DAY 341 🎧 245

Date　　　　my-oto-mo　　Recording

%

DAY 344

🎧246
マリー・キュリーの言葉

"Nothing in life is to be feared, it is only to be understood."
—Marie Curie

▼
「人生において恐れるべきことは何もなく、ただ理解すべきこと
のみです」
—マリー・キュリー

▶ 解説
新しいことを始めるときに、背中を押してくれるキュリー夫人の名言。Nothing is 〜. は「何も〜ない」を意味する表現。Nothing in life is to be feared で、「人生において何も恐れられるべきことはない」、つまり「人生において恐れるべきことは何もない」を意味します。be to do は「〜しなければならない」、fear は「〜を恐れる」。

▶ 音読ポイント
understood は「アンダーストゥッ（ドゥ）」と発音します。最後のd を弱く発音することがポイントです。

Useful Tidbits
マリー・キュリー（キュリー夫人）は、ノーベル賞を2つ受賞した世界唯一の女性科学者。キュリー夫人は夫とともに、**放射性元素のラジウム**を発見したことで有名です。

Date	STEP 0 Check	STEP 1 Listen	STEP 2 Overlap	STEP 3 Shadowing	STEP 4 my-oto-mo
/					%

STEP 5 Recording	

DAY 345

🎧247

入社初日

A: Welcome to your first day, Tina. I'm your mentor, and I'll be accompanying you this week. If you have any questions about the job, don't hesitate to ask me. 🎙

B: Thank you very much. I'm excited about starting here. 🎙

A: First, let's meet the team, and I'll show you around the office at the same time. It's going to be a busy day for you today! 🎙

▼
A：我が社へようこそ、ティナ。私はあなたのメンターで、今週同行します。仕事について質問があれば遠慮なく聞いてください。

B：ありがとうございます。ここで働くのが楽しみです。

A：まずはチームのみんなに会いましょう。それと同時にオフィスも案内しますね。今日は忙しい1日になりますよ！

▶ 解説

Don't hesitate to ask me. は「遠慮なく聞いてください」という意味の表現。hesitate to *do* で「〜するのをためらう、遠慮する」なので、否定のdon'tを用いると「〜するのを遠慮しない」、すなわち「遠慮なく〜する」という意味になります。accompany は「〜に同行する」、show A around B は「AにBを案内する」、at the same time は「同時に」。

▶ 音読ポイント

mentor は日本語でも「メンター」と言うため、なじみのある単語です。me「メ」の部分にアクセントを置いて発音します。

Useful Tidbits

メンターの語源は、古代ギリシャ英雄叙事詩『オデュッセイア』の登場人物から。主人公オデュッセウスの友人であり、彼の息子の指導を託された人物の名前「メントール」に由来しています。

Date	STEP 0 Check	STEP 1 Listen	STEP 2 Overlap	STEP 3 Shadowing	STEP 4 my-oto-mo
/					%
	STEP 5 Recording				

DAY 346

🎧248
シエスタ

Today's Lines | General Interest Topics ［一般的な関心事］

A siesta is a short sleep taken after the midday meal, but it can also refer to a period of general relaxation during the afternoon. 🎤 The practice began in Spain and originated from the custom there of taking a long break between about 1:00 p.m. and 4:00 p.m. ② It enables workers to increase their work productivity by taking a few hours off in the afternoon when their productivity is lowest. ③

▼

シエスタとは、昼の食後に取る短い睡眠のことですが、一般的な午後のリラックスタイムのことも指します。この慣例はスペインで始まり、午後1時から午後4時までの間に長い休憩を取るというスペインの慣習に由来しています。生産性がもっとも低い午後の時間帯に数時間休憩を取ることで、労働者は仕事の生産性を高めることができます。

▶ 解説

originate from 〜は「〜に由来する、〜を起源とする」という意味の表現。origin（起源）、original（元の、最初の）がoriginateの関連語です。また、enable *A* to *do* は「Aが〜をすることを可能にする、（主語によって）Aは〜できる」を意味する頻出表現です。practice は「慣例」、custom は「慣習」、productivity は「生産性」。

Useful Tidbits

休憩時間の長さは異なるものの、日本でもシエスタ制度（昼寝に限らず、長い昼休みを取る）を導入する企業もあるようです。

▶ 音読ポイント

relaxationの発音は「ゥリィーラァクセェィシャン」。「セェ」の部分を強く読みます。日本語の「リラクゼーション」に引っ張られ、xaの部分を濁って発音しないよう注意しましょう。

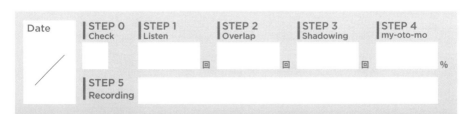

Date	STEP 0 Check	STEP 1 Listen	STEP 2 Overlap	STEP 3 Shadowing	STEP 4 my-oto-mo
/					%
	STEP 5 Recording				

DAY 347

🎧249

最近の趣味

Today's Lines Daily Conversations ［日常英会話］

A: Hey, I've been getting into hiking lately. It's such a great way to unwind. 🎙

B: That's cool! I've been into photography for a while. Taking shots of nature during a hike would be amazing. 🎙

A: Nice. We should plan a hiking trip together and capture some awesome moments! 🎙

B: Absolutely! Count me in. Let's make it happen soon. 🎙

▼
A：ねえ、最近ハイキングにハマっているんだ。リラックスするのに最高だよ。
B：素敵ね！ 私はここ最近写真を撮ることにハマっているの。ハイキング中に自然の写真を撮ったら素敵だろうな。
A：いいね。一緒にハイキングの計画を立てて、素晴らしい瞬間を撮ろうよ！
B：もちろん！ 参加させて。すぐに実現させましょう。

▶ 解説
最近の趣味を伝えるとき、I've been getting into 〜.（〜にハマっています）という表現が便利。into「〜の中に入っている」というニュアンスから、get into 〜で「何かにハマっている、夢中である」という意味を表します。BのセリフのI've been into 〜.も、「ハマっている状態だ」を意味します。Count me in. は「自分を頭数に入れて」、つまり「参加します」という意味。take a shot of 〜は「〜の写真を撮る」、captureは「〜を記録する」。

Useful Tidbits
本文に出てくるunwindは「ねじを緩める」という意味で、そこから「リラックスする」という意味を表します。ちなみに「リラックスする、くつろぐ」を意味する表現には、ほかにもloosen upやchill outなどがあります。

▶ 音読ポイント
awesomeは「**オーサム**」と発音します。awe「オー」の部分は、口を縦に大きく開いて発音しましょう。

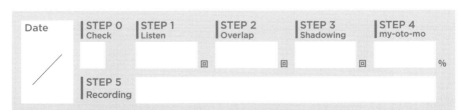

Date	STEP 0 Check	STEP 1 Listen	STEP 2 Overlap	STEP 3 Shadowing	STEP 4 my-oto-mo
/					%
	STEP 5 Recording				

DAY 348

🎧250
モモの物語50

Today's Lines ▸ Stories［物語］

The kangaroo said, "Just close your eyes for five seconds."
Five seconds later, Momo opened her eyes and saw that he
was holding the rainbow-colored egg. 🎤
"I've set the destination so you can go back to Japan. I think
you have no regrets about your trip, but you want to go
home, right?"
Momo nodded her head. 🎤

▼
カンガルーは言いました。
「たった5秒だけ、目をつむるんだ」
5秒たってモモが目を開けると、カンガルーはあの虹色の卵を
持っていました。
「お前が日本に帰れるように、行先を設定しておいたよ。旅に悔
いはないと思うけど、お前は帰りたいんだろう？」
モモは首を縦に振りました。

▸ **解説**
「目を閉じて」はClose your eyes. で表します。eye が複数形なの
は、「目」が2つあるから。destination は「行先、目的地」、regret
は「後悔」、nod one's head は「首を縦に振る、うなずく」。

▸ **音読ポイント**
seconds は「セケンズ」のように読むイメージ。「セ」の部分にア
クセントを置いて発音しましょう。

Useful Tidbits
日本では「うなずく（首を
縦に振る）」ことは「イエ
ス」の証しですが、**うなず
くことで「ノー」の意味を
表す国もあります**。たとえ
ば、ギリシャやブルガリア、
スリランカなどがその例。
ちょっとした仕草でも、表
す意味が国によってまった
く異なりますね。

Date	STEP 0 Check	STEP 1 Listen	STEP 2 Overlap	STEP 3 Shadowing	STEP 4 my-oto-mo
/					%
	STEP 5 Recording				

DAY 349-350
5日間のおさらい

下記のDAYの音読を再度行いましょう。
それぞれ自分の音読を my-oto-mo で判定してベストスコアを
書き込みましょう。また、再度録音してみて、その気づきを
Recording欄に書き込んでおくと今後の参考になります。

DAY 344　🎧246

Date　　　　my-oto-mo　　Recording

%

DAY 345　🎧247

Date　　　　my-oto-mo　　Recording

%

DAY 346　🎧248

Date　　　　my-oto-mo　　Recording

%

DAY 347　🎧249

Date　　　　my-oto-mo　　Recording

%

DAY 348　🎧250

Date　　　　my-oto-mo　　Recording

%

DAY 351

🎧251
採用面接

Today's Lines ▶ Business Conversations [ビジネス英会話]

A: Hi, I'm Yui Sato. Thank you for meeting with me today and considering me for the position at Stardot Design. 🎙

B: Nice to meet you, Ms. Sato. First of all, can you briefly describe your career history? 🎙

A: Certainly. I previously worked at PopStand Design, where I handled the packaging designs for various cosmetic products. I was there for five years. 🎙

▼

A：こんにちは、サトウ ユイと申します。本日はスタードット デザイン会社のポジションについて面接の機会をいただき、ありがとうございます。

B：はじめまして、サトウさん。まず始めに、これまでの職務経歴を簡単にお話しいただけますか？

A：もちろんです。私は以前ポップスタンドデザイン会社に勤めており、さまざまな化粧品のパッケージデザインを担当していました。そこには5年間在籍していました。

▶ **解説**

過去の仕事について話すときは、I previously worked at ～.（以前～に勤めていました）という表現が便利です。previouslyは「以前、過去に」を意味する副詞。brieflyは「手短に」、describeは「～を述べる」。

▶ **音読ポイント**

handledは「ヘァンドゥォゥ（ドゥ）」と発音します。カタカナの「ヘ」を発音するときの口の形を意識して、声に出してみましょう。

Useful Tidbits

企業によって違いはあるものの、日本の面接と比べ、**アメリカの面接は時間が短め**。日本では候補者の人柄に関する質問も多くあり、1時間近くかかることも少なくないですが、アメリカでは基本的にこれまでの経験や能力に関する質問がメイン。面接時間が10分程度で終わることも珍しくありません。

Date	STEP 0 Check	STEP 1 Listen	STEP 2 Overlap	STEP 3 Shadowing	STEP 4 my-oto-mo
/					%
	STEP 5 Recording				

DAY 352

🎧252

自然災害伝承碑

In Japan, in the first year of the Reiwa era, a new symbol showing the locations of monuments to natural disasters started to appear on maps. 🎤 These monuments stand in places where natural disasters occurred—such as tsunamis, floods, and landslides—and display information about them. 🎤 Their purpose is to pass down details about these disasters to future generations, with the hope that the people of today will learn lessons from the past. 🎤

▼

日本では令和元年から、自然災害の碑の位置を示す新しい記号が地図上に掲載されるようになりました。これらの碑は津波や洪水、土砂崩れなどの自然災害が発生した場所に建ち、災害に関する情報を伝えています。その目的は災害の詳細を後世に伝えることであり、現代人が過去から教訓を学ぶことを願っています。

▶ 解説

in the first year of 〜は、「〜の初年度に、〜の1年目に」を意味する表現。in the first year of the Reiwa eraで、「令和元年」を意味します。また、pass down A to Bで「AをB（後世など）に伝える」という意味になります。eraは「時代」、occurは「発生する」、learn a lesson from 〜は「〜から教訓を学ぶ」。

▶ 音読ポイント

「災害」を意味するdisasterは「ディザスター」と読みます。saは「ザ」と濁らせ、強調して発音しましょう。

Useful Tidbits

「津波」という言葉は、英語でもtsunamiで通じます。このように日本語がそのまま英語圏でも使われているケースは多く、ほかにもkawaii（かわいい）、manga（漫画）、sumo（相撲）、sake（酒）などの言葉は海外でも浸透しつつあります。

Date	STEP 0 Check	STEP 1 Listen	STEP 2 Overlap	STEP 3 Shadowing	STEP 4 my-oto-mo
/			回	回	回 ... %
	STEP 5 Recording				

DAY 353

🎧253
大量のペッパーピクルス

Today's Lines Tongue Twisters［早口言葉］

Peter Piper picked a peck of pickled peppers. A peck of pickled peppers Peter Piper picked. If Peter Piper picked a peck of pickled peppers, where's the peck of pickled peppers Peter Piper picked?

▼
ピーター・パイパーは大量のペッパーピクルスをつまんだ。ピーター・パイパーがつまんだ大量のペッパーピクルス。もしピーター・パイパーが大量のペッパーピクルスをつまんだなら、ピーター・パイパーがつまんだ大量のペッパーピクルスはどこ？

▶ **解説**

pから始まる単語が並んだ最難関の早口言葉。内容に深い意味はありませんが、かまないように読むには訓練が必要です。peckは容量の単位の1つで、a peck of 〜で「たくさんの〜」を意味します。また、本文に何度も登場するpickled pepperは「酢漬け唐辛子」のこと。pickは「〜をつまむ」、pickledは「酢漬けの」、pepperは「唐辛子」。

▶ **音読ポイント**

pは唇を破裂させるようにして「パッ」「ピッ」「ペッ」と発音します。文の切れ目で一呼吸置き、リズムを整えることも忘れずに。

Useful Tidbits

Peter（ピーター）とは、ギリシャ語で「岩」を意味する男性名。ほかにも宝石や鉱物に関連した定番の名前には、Clay（クレイ＝粘土）、Jade（ジェイド＝翡翠）などがあります。

Date	STEP 0 Check	STEP 1 Listen	STEP 2 Overlap	STEP 3 Shadowing	STEP 4 my-oto-mo
/			回	回	回	%
	STEP 5 Recording				

DAY 354

🎧254
ドライブ中

Today's Lines ▶ Daily Conversations〔日常英会話〕

A: We should stop at the next gas station to get some gas. The tank is almost empty. 🎤

B: Oh, I didn't notice. I'm gonna ask the satnav where the nearest gas station is. Let me see, oh, there's one about a hundred meters ahead. 🎤

A: Good. Do we have to make a right turn? 🎤

B: No. We'll find it on our left. 🎤

▼
A：次のガソリンスタンドに寄って給油しないと。タンクがほぼ空だ。
B：あら、気づいてなかった。近くのガソリンスタンドがどこにあるかナビで調べてみるね。ええと、あ、100メートルくらい先にあるよ。
A：よかった。右折する必要がありそう？
B：ないわ。左側にあるみたい。

▶ **解説**

We should stop at the next gas station.（次のガソリンスタンドに立ち寄る必要があります）という表現を覚えておきましょう。stop at 〜で「〜に立ち寄る」という意味です。ちなみにガソリンスタンドは和製英語。英語ではgas[petrol] stationと呼ぶことも押さえておきましょう。satnav はsatellite navigation の略で「衛星ナビゲーション＝カーナビ」のこと。empty は「空の」、make a right turn は「右折する」。

Useful Tidbits
アメリカ英語でガソリンはgasoline やgas、fuel などと表します。それに対し、イギリス英語ではpetrol と呼ぶのが一般的。petrol はpetroleum（石油）という意味の単語から来ています。

▶ **音読ポイント**

I'm gonna はI'm going to の省略形で、口語的な表現として使われます。gonna は「ガナ」と発音しましょう。

Date	STEP 0 Check	STEP 1 Listen	STEP 2 Overlap	STEP 3 Shadowing	STEP 4 my-oto-mo
/					%
	STEP 5 Recording				

DAY 355

🎧255
モモの物語 51

Before Momo knew it, she was in front of an old house that looked familiar to her. Then the front door burst open, and a young woman rushed out. 🎙 It was Oto, whom Momo had really missed when she was away. 🎙

"I finally found you, Momo! You've been gone for months. We were so worried about you!"

Oto said, and she started to cry. 🎙

▼

気づくとモモは、見覚えのある古い一軒家の前にいました。すると玄関が勢いよく開き、若い女性が飛び出してきました。その人物は、旅に出ていた間、モモがずっと会いたがっていたオトでした。

「モモ、やっと会えたわ！ あなた、何カ月間もいなかったのよ。私たち、とっても心配したわ！」

オトはそう言い、泣き出しました。

▶ 解説

Before Momo knew it は直訳すると「モモがそれを知ったよりも前に」、つまり「モモが知らぬ間に、気づくと」という意味の表現です。また、look familiar to 〜は「〜にとって見覚えがある」を意味する表現。一度見たことがある人に対して、You look familiar to me.（あなたのことを知っている気がします）のように使うこともある表現です。モモは長い旅から帰ってきて、見覚えのあるあの古い一軒家を見つけたのですね。burst open は「勢いよく開く」、rush out は「飛び出す」。

Useful Tidbits

「心配する」に関連して、今日は「心配性」を意味する英単語をご紹介。心配性の人は、英語でworrierと言います。これは、worry（心配する）という動詞に人を表す接尾辞のerがついた形。You are such a worrier.（あなたって本当に心配性ね）のように使います。

▶ 音読ポイント

knew it は「ニューイッ（トゥ）」とtをほとんど発音しません。

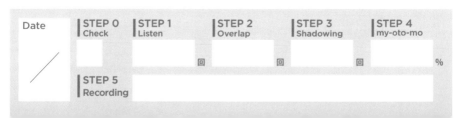

DAY 356 - 357
5日間のおさらい

下記のDAYの音読を再度行いましょう。
それぞれ自分の音読をmy-oto-moで判定してベストスコアを
書き込みましょう。また、再度録音してみて、その気づきを
Recording欄に書き込んでおくと今後の参考になります。

DAY 351 🎧 251
Date　　　　my-oto-mo　Recording

%

DAY 352 🎧 252
Date　　　　my-oto-mo　Recording

%

DAY 353 🎧 253
Date　　　　my-oto-mo　Recording

%

DAY 354 🎧 254
Date　　　　my-oto-mo　Recording

%

DAY 355 🎧 255
Date　　　　my-oto-mo　Recording

%

DAY 358

🎧256
海外のお客様と取引

Today's Lines ▶ Business Conversations ［ビジネス英会話］

A: Maki, can you speak French? I remember you said you studied it at college. 🎤

B: Yes, I can have a basic conversation in French. Why do you ask? 🎤

A: I have a client from France. I'd like to talk with him in his language as much as possible, so could you teach me some basic phrases? 🎤

B: I see. Of course, I can teach you some! 🎤

▼

A：マキ、フランス語は話せる？ 大学で勉強したって言ってたことを思い出して。

B：ええ、フランス語で基本的な会話はできるわ。どうして？

A：フランスからのお客様がいるんだ。できるだけ彼とフランス語で話したいから、基本的なフレーズを教えてもらえないかな？

B：そうなのね。もちろん、教えられるわ！

▶ **解説**

Why do you ask? という表現は、直訳すると「どうして聞くのですか？」という意味。実際は、相手の質問の意図を尋ねるニュアンスで「それがどうしたの？」という意味合いになります。basic は「基本的な」。

▶ **音読ポイント**

as much as はつなげて「アズマッチャズ」のように読みます。

Useful Tidbits

外国出身の人を foreigner と呼ぶと、「部外者」というニュアンスになり失礼な印象を与えることがあります。単純に He's from England.（彼はイギリスのイングランド出身です）のように出身地を述べる、あるいは people from other countries（ほかの国の人々）という表現を使いましょう。

Date	STEP 0 Check	STEP 1 Listen	STEP 2 Overlap	STEP 3 Shadowing	STEP 4 my-oto-mo
/					%
	STEP 5 Recording				

DAY 359

🎧257 音読の効果

Today's Lines General Interest Topics ［一般的な関心事］

It is said that there are various benefits to reading aloud. 🎤 Especially when learning a language, reading a text out loud not only makes it easier to understand the meaning of the text, but it also stimulates the prefrontal cortex of the brain, enhancing memorization. 🎤 It also has positive effects on the mind. By reading aloud, a substance called serotonin is released in the brain, which can calm one's mood. 🎤

▼
音読にはさまざまな利点があると言われています。特に言語学習においては、文章を声に出して読むことで意味を理解しやすくなるだけでなく、脳の前頭葉を刺激し、記憶力を高めます。それに加えて、音読は精神面にもよい影響を与えます。音読をすることによって、脳内にセロトニンと呼ばれる物質が放出され、気分が穏やかになります。

▶ 解説

read aloud は「〜を声に出す」、つまり「音読する」という意味の表現。read a message aloud（メッセージを声に出して読む）のように、read *A* aloud の形でも使います。ちなみに、「黙読する」はread silentlyで表現します。prefrontal cortex は「前頭前（野）皮質」で、前頭葉の前の部分を指します。stimulate は「〜を刺激する」、substance は「物質」、calm は「〜を落ち着かせる」。

▶ 音読ポイント

various は「ヴェリアス」と発音します。「ヴェ」にアクセントを置いて読みましょう。

Useful Tidbits

serotonin（セロトニン）は脳の興奮を抑え、心身をリラックスさせる効果がある神経伝達物質。別名、「幸せホルモン」とも呼ばれています。音読は英語上達だけでなく、幸福度アップにも効果があるとは、驚きですね。

Date	STEP 0 Check	STEP 1 Listen	STEP 2 Overlap	STEP 3 Shadowing	STEP 4 my-oto-mo
/			▣	▣	▣ %
	STEP 5 Recording				

DAY 360

🎧258
エマーソンの言葉

Today's Lines ⟩ Quotes［名言］

"Whatever course you decide upon, there is always someone to tell you that you are wrong. 🔊 There are always difficulties arising which tempt you to believe that your critics are right. 🔊 To map out a course of action and follow it to an end requires courage." 🎤

—Ralph Waldo Emerson

▼
「どんな道を選んでも、あなたは間違っていると批判する者がいる。そして、あなたを批判する者たちが正しいと思わせる多くの困難がいつも立ちはだかる。行動計画を立て、最後までそれに従うためには、勇気が必要だ」
—ラルフ・ウォルドー・エマーソン

▶ 解説

〈whatever ＋名詞＋SV ～〉で、「どんな（名詞）をSがVしようと」という意味。Whatever route you take, it'll take an hour to get there.（どのルートを選んでも、そこに到着するのに1時間かかるでしょう）のように使います。arise は「起こる、生じる」、tempt *A* to *do* は「Aを～する気にさせる、Aに～するようにそそのかす」、critic は「批評家」、map out ～は「～の計画を立てる」。

▶ 音読ポイント

tempt you は音をつなげて「**テンプテュー**」のように発音します。you の部分は口を小さくすぼめて。

Useful Tidbits

エマーソンは19世紀のアメリカ合衆国の思想家で、ほかにも数多くの名言を残しています。代表的なものに、Make the most of yourself, for that is all there is of you.（自分自身を最大限に利用しなさい。あなたにあるのはそれだけなのだから）があります。

Date	STEP 0 Check	STEP 1 Listen	STEP 2 Overlap	STEP 3 Shadowing	STEP 4 my-oto-mo
/			回		回		回	%
	STEP 5 Recording				

DAY 361

🎧259
噂話

Today's Lines ▶ Daily Conversations ［日常英会話］

A: Hey, I've got some juicy gossip. But promise me you won't spill the beans. This is just between us. 🔊

B: I promise. My lips are sealed. What's the scoop? 🎤

A: Well, you won't believe it. It seems that Sarah and Mark are secretly dating. 🎤

B: No way! How did you find out? 🎤

A: I saw them at a café yesterday. They looked pretty friendly. 🎤

▼

A：ねえ、ちょっとおもしろいゴシップがあるの。でも約束して、ばらさないでほしいの。私たちだけの秘密。

B：約束するよ、秘密にする。どんなスクープなの？

A：信じないと思うけど。サラとマークが密かに付き合ってるみたいなの。

B：まさか！ どうやって知ったの？

A：昨日2人をカフェで見たの。かなり親密そうだったよ。

▶ **解説**

My lips are sealed. は「秘密にします」を意味する表現。直訳すると、my lips（私の唇）がsealed（封をされた、閉じられた）状態。つまり、「（私の唇はくっついているから）誰にも言わないよ、秘密にするよ」というニュアンスになります。juicy は「（話などが）興味をそそる」、secretly は「密かに」。

▶ **音読ポイント**

between us は「ビトゥウィーナス」と、単語同士をつなげて読むことを意識しましょう。us「アス」がbetween とくっつき、「ナス」の発音に変化します。

Useful Tidbits

「秘密」に関連する英語表現は実にさまざま。Don't spill the beans.（豆をこぼさないでね＝秘密をばらさないでね）という表現だけでなく、Between you and me,（ここだけの話…）や、Please keep it to yourself.（あなた自身にとどめておいてね＝内緒にしておいてね）などがあります。

Date	STEP 0 Check	STEP 1 Listen	STEP 2 Overlap	STEP 3 Shadowing	STEP 4 my-oto-mo
/					%
	STEP 5 Recording				

DAY 362

🎧260
モモの物語 52

It seemed that Momo had returned from a long trip to her home in Japan. Momo looked back on the days when she had traveled to four different countries with the power of the mysterious egg. 🎙

"I had always wanted to travel the world... Everything was new to me. Gorgeous food, breathtaking landscapes, and captivating music..." 🎙

▼
どうやらモモは長い旅行から、日本の家に戻ってきたようでした。モモは、あの不思議な卵の力で4カ国を旅行した日々を振り返りました。
（ずっと望んでた世界旅行…。すべてが新鮮だったな。豪華なご飯に息をのむような景色、魅力的な音楽…）

▶ **解説**
look back on ～は「～を振り返る、～を回顧する」という意味の表現。単に出来事を頭に浮かべるのではなく、過去に体験したことを思い返し、何かを考えるときに使うイメージです。breathtaking は「息をのむような」、landscape は「景色」。

▶ **音読ポイント**
wanted to は「**ウォンテッ（トゥ）**」と読むイメージです。「**ウォン**」の部分を強調して声に出してみましょう。

Useful Tidbits

music（音楽）を形容する単語には、**captivating**（魅力的な）、**spectacular**（壮大な）、**quiet**（静かな）、**relaxing**（リラックスさせるような）などがあります。モモがオーストラリアのシドニーで聴いたオーケストラは、captivating music だったようですね。

Date	STEP 0 Check	STEP 1 Listen	STEP 2 Overlap	STEP 3 Shadowing	STEP 4 my-oto-mo
/		▣	▣	▣	%

	STEP 5 Recording	

DAY 363-364
5日間のおさらい

下記のDAYの音読を再度行いましょう。
それぞれ自分の音読をmy-oto-moで判定してベストスコアを
書き込みましょう。また、再度録音してみて、その気づきを
Recording欄に書き込んでおくと今後の参考になります。

DAY 358 🎧 256

Date   my-oto-mo   Recording

%

DAY 359 🎧 257

Date   my-oto-mo   Recording

%

DAY 360 🎧 258

Date   my-oto-mo   Recording

%

DAY 361 🎧 259

Date   my-oto-mo   Recording

%

DAY 362 🎧 260

Date   my-oto-mo   Recording

%

DAY 365

🎧261
遠く離れた地からの電話

Today's Lines ▶ Daily Conversations ［日常英会話］

A: Mike, is it really bedtime? 🎙️
B: Yes, Mom. It's really late here. 🎙️
A: I understand. I miss you so much. Remember you can call anytime, and take care of yourself. 🎙️
B: I will, Mom. I miss you, too. I promise to keep in touch. 🎙️
A: Thank you. Stay safe and make the most of your studying abroad! 🎙️
B: I will. Thank you. Bye-bye! 🎙️
A: Bye-bye. 🎙️

▼
A：マイク、もう寝る時間なのね？
B：そう、お母さん。もうこっちではかなり遅いから。
A：そうなのね。とっても寂しくなるわ。いつでも電話してきていいのよ、そして体に気をつけて。
B：そうするよ、ママ。僕も寂しくなるよ。絶対連絡を取り続けるね。
A：ありがとう。どうか安全で、留学生活を満喫してね！
B：うん、ありがとう！　またね！
A：またね！

▶ **解説**
留学中の息子と母の会話。I promise to keep in touch.（絶対連絡を取り続けるね）は、しばらくの間会えなくなる家族や友人、恋人に対して使う表現です。promise to *do* は「〜することを約束する」、keep in touch は「連絡を保つ、連絡を絶やさない」、make the most of 〜は「〜を思い切り楽しむ、〜を最大限に利用する」。

▶ **音読ポイント**
寂しい気持ちを表現するために、I miss you so muchのso「ソゥ」を特に強調して読みましょう。

Useful Tidbits

旅行や出張、留学先から久しぶりに家に帰ったときは、Home sweet home. という表現を使います。これは、「あ〜（愛しい）我が家だ、やっと帰ってきた」というようなニュアンス。

Date	STEP 0 Check	STEP 1 Listen	STEP 2 Overlap	STEP 3 Shadowing	STEP 4 my-oto-mo
/					%
	STEP 5 Recording				

DAY 366

🎧262
モモの物語 53

Today's Lines ▷ Stories［物語］

But Momo had already realized something much more important.
"More than any other place in the world, I love this house the most, because Oto is here!" 🎙
Oto hugged Momo and said,
"Momo, I'll prepare your favorite cat food. Just like always, can I share what happened at school today with you?"
Momo meowed and purred with delight. 🎙

▼
でもモモは、それよりももっと大切なことにすでに気づいていました。
（世界中のどんな場所よりも、オトがいるこの家が一番大好き！）
オトはモモを抱きしめて言いました。
「モモ、あなたが大好きなキャットフードを用意するわね。いつものように、今日学校であったこと、話してもいい？」
モモは大喜びでニャーと鳴き、喉を鳴らしました。

▶ 解説
love A the most は「Aが一番大好き」という意味の表現。たくさんあるうちの中から、一番好んでいる物や人のことを表すときに使います。本文は、さまざまな国を旅したモモが、世界中のどんな場所よりもオトのいる家が一番好きだ、と言っている心温まるシーンです。delight は「大喜び」。

▶ 音読ポイント
モモの物語もついに最終話。モモとオトのお互いに対する愛情を想像して、**セリフ部分は特に心をこめて読みましょう。**そしてDAY 1から今日まで、音読練習を継続できた自分を褒めましょう！

Useful Tidbits
物語の最後では、モモが幸せそうに鳴き、喉を鳴らしています。「(猫が) 鳴く」はmeow、「ゴロゴロと喉を鳴らす」はpurr という動詞を使います。猫の仕草を表す英単語はほかにも、scratch（引っかく）、yawn（あくびをする）、groom（毛づくろいをする）などがあります。

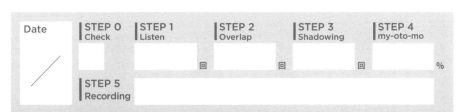

DAY 367-368
2日間のおさらい

下記のDAYの音読を再度行いましょう。
それぞれ自分の音読をmy-oto-moで判定してベストスコアを
書き込みましょう。また、再度録音してみて、その気づきを
Recording欄に書き込んでおくと今後の参考になります。

DAY 365 🎧 261

Date　　　　my-oto-mo　　Recording

%

DAY 366 🎧 262

Date　　　　my-oto-mo　　Recording

%

Ending Message

おわりに

『英語録音読BOOK』で毎日英語学習を続け、ついに**約1年間完**走したあなた。

毎日コツコツ勉強を続け、1年間の英語学習を習慣化できた自分をほめてあげてください。

本書を使って学習を始めた1日目のことを思い出してみてください。最初は短い英文から学習をスタートしましたね。

そして徐々に長い英文や難しい英文にチャレンジし、少しずつステップアップしていきました。

ぜひ、本書を使ってあなたが録音した音声を聞き直してみてください。この1年間で英語力が上がったことを実感できるはずです。

インプットとアウトプットを繰り返し、英語力をアップデートしながら、日々の英語学習を「**習慣化**」できた自分を、誇りに思ってください。

ここまで録音読を続けてこられたあなたは、きっとご自身の成長を感じていると思います。そして、さらなる成長を目指して次の目標が見えてきた方もいるかもしれません。

さらなる成長や新しい目標に向かって挑戦するあなたを、私たちはこの先もずっと、応援しています。

メディアビーコン

毎日1ページ！
1年間ぜったい続けられる
英語録音読BOOK

著者 **メディアビーコン** Media Beacon

語学教材に特化した教材制作会社。TOEIC®、英検をはじめとする英語の資格試験から、中学・高校英語、英会話、ビジネス英語まで、英語教材全般の編集制作を幅広く行う。また、同時にTOEIC® テストのスコアアップを目指す方のための指導も行っている。著書に『TOEIC® L & R TEST 990点獲得全パート難問模試』（ベレ出版）『寝る前 5分暗記ブック英会話フレーズ集〈基礎編〉』『寝る前 5分暗記ブック英会話フレーズ集〈海外旅行編〉』『寝る前 5分暗記ブックTOEIC® テスト単語＆フレーズ』『TOEIC® L & Rテスト全パートをひとつひとつわかりやすく。』（Gakken）などがある。YouTube「ビーコンイングリッシュチャンネル」では、英語学習者のために役立つ情報を配信中。

著者	メディアビーコン
アートディレクション	細山田光宣
デザイン	木寺梓（細山田デザイン事務所）
イラスト	坂本伊久子
校正・編集協力	上保匡代、佐野秀好、Joseph Tabolt
DTP	株式会社秀文社
印刷所	TOPPAN株式会社
企画・編集	水島潮